신문과 교과서가 만난 역사논술

행복한 논술 편집부

2호

역사토론

인물사편

(주)이태종 NIE 논술연구소

『역사토론』의 특징

『역사토론』 시리즈 1권은 주제사 12차시와 인물사 12차시를 통해 우리나라 역사를 심도 있게 공부할 수 있도록 꾸몄습니다. 모든 주제는 시사와 연계해 흥미와 현실감을 높였습니다. 그리고 역사에서 얻은 교훈을 바탕으로 문제 해결 능력과 비판적 사고력, 구술 능력을 극대화할 수 있도록 구성했습니다.

주제사
★조선 능력, 귀화 정책, 장신구, 춤, 명절, 신분 제도, 악기, 형벌 제도, 목조 건축물, 민족 통일의 역사, 법, 통신 등 12가지 주제로, 선사 시대부터 현대까지의 역사를 한눈에 살펴볼 수 있게 구성했습니다.
★역사적 사실을 비판적 시각으로 재구성하는 토론형 문제를 제시했습니다.
★역사적 교훈을 현실 문제와 연결해 논술하도록 했습니다.

인물사
★사도세자, 성삼문, 선덕여왕, 이순신, 한석봉, 왕건, 유관순, 문익점, 방정환, 황희, 최치원, 김수로왕 등 열두 명의 역사적 인물을 소개하며 인물과 관련된 역사를 배웁니다.
★역사적 인물이 살던 시대의 특징을 분석했습니다.
★역사적 인물을 평가하는 논술 문제를 제시했습니다.

부록
★한눈에 보는 한국사 연표
★문제 출제 의도와 해설이 담긴 답안과 풀이
★지침서는 홈페이지(www.niefather.com)에 탑재.
 전화(1577-3537)로 신청하셔도 이메일로 보내드립니다.

차례 보기

인물사편

◆ 사도세자는 왜 왕이 되지 못했을까	7
◇ 절의를 지킨 사육신 성삼문	13
◆ 우리 역사 최초의 여왕 '선덕여왕'	19
◇ 위기에서 나라를 구한 조선의 명장 이순신	25
◆ 노력으로 이룬 조선 최고의 명필 한석봉	31
◇ 고려를 세운 태조 왕건	37
◆ 우리나라 독립 위해 목숨 바친 유관순	43
◇ 목화씨 들여와 백성에게 따뜻한 옷 입힌 문익점	49
◆ 어린이들의 영원한 스승 방정환	55
◇ 백성을 위해 헌신한 청백리 황희 정승	61
◆ 신라를 개혁하기 위해 애쓴 문장가 최치원	67
◇ '철의 나라' 금관가야를 세운 김수로왕	73
◆ 한눈에 보는 한국사 연표	79
◇ 답안과 풀이	81

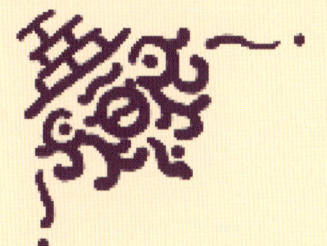
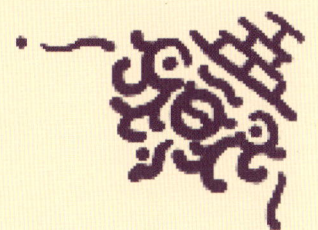
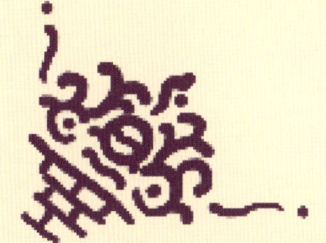
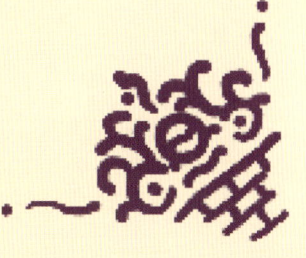

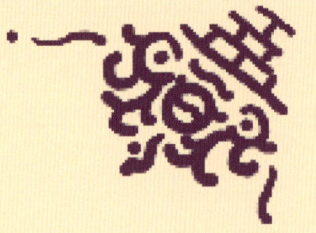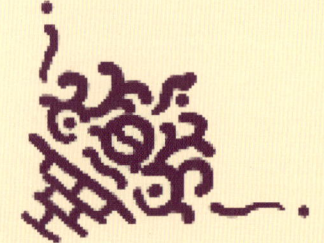

인물사 1

사도세자는 왜 왕이 되지 못했을까

2009년 7월 8일 사도세자(1735~62)가 여덟 살 때 쓴 『동몽선습』(유교의 기본적 실천 덕목을 밝힌 책)이 한 전시회에서 공개되었어요.

비단으로 만든 낡은 책 표지에 어린 사도세자의 필적과 그의 스승이었던 유언호(1730~96)가 쓴 발문(책의 끝에 줄거리나 내는 이유 등을 적은 글)도 남아 있어 귀중한 역사 자료로 평가된다고 해요. 사도세자는 조선 시대의 왕세자였어요.

⬆ 사도세자가 여덟 살 때 쓴 『동몽선습』.

어려서부터 영특해 왕실의 귀여움을 독차지하고 자랐지요. 그러나 27세에 아버지인 영조(재위 1724~76·제21대 왕)의 미움을 사 뒤주에 갇힌 채 숨지게 됩니다.

그는 어려서 학문을 열심히 하고 글씨쓰기를 좋아했으며, 시도 잘 지었다고 해요. 그런데 왜 사도세자는 왕이 되지 못하고 비운의 삶을 마감했을까요?

사도세자가 왕이 되지 못한 이유와 조선의 세자 제도 등에 대해 공부해요.

⬆ 사도세자

관련 교과
4학년 2학기 사회 1단원
문화재와 박물관
5학년 2학기 사회 3단원
우리 겨레의 생활 문화

당파 싸움 때문에 아버지 손에 죽어

사도세자는 조선 후기 제21대 왕 영조의 둘째 아들이다. 그는 영조의 맏아들인 효장세자(사도세자의 이복 형)가 어려서 죽고 난 뒤 7년 만에 태어났다. 영조의 나이 40세가 넘어 낳았기 때문에 두 살 때부터 왕세자에 책봉되었다. 열 살 때인 1744년 영의정(지금의 국무총리) 홍봉한의 딸 혜경궁 홍씨와 결혼했다.

사도세자는 일곱 살 때 『동몽선습』을 익히고, 수시로 시를 지어 대신(지금의 장관)들에게 나눠 줄 정도로 총명했다.

조선 후기엔 노론파나 소론파 등 서로 학문이나 정치적으로 뜻을 같이 하는 사람들끼리 무리를 지어 관직을 차지하려는 다툼이 심했다. 특히 영조는 노론파의 도움으로 왕위에 오를 수 있었기 때문에 노론이 지금의 여당인 집권 세력이 되었다.

사도세자는 노론의 힘을 견제하려는 아버지 영조의 생각 때문에 어릴 적부터 소론 학자들에게 학문을 배웠다. 그리고 열 살 때 이미 정치적인 눈을 떠 과거 노론의 잘못을 비판하기도 했다.

영조가 노론이나 소론 등 당파를 없애고 화합시킬 수 있는 방법을 묻자, 사도세자는 여러 파의 사람들에게 고루 관직을 주면 된다고 대답해 칭찬을 받기도 했다.

사도세자는 이처럼 다양한 방면에서 왕세자로서 뛰어난 자질을 갖춰 영조의 기대와 사랑을 듬뿍 받았다.

사도세자는 15세 때부터 아버지 영조

↑ 경기도 화성시 태안면 안녕리에 있는 사도세자의 무덤 융릉(사적 제206호).

의 허락을 받아 왕의 일을 대신하게 되었다. 그는 어린 나이에도 왕의 일을 대신하며 가난한 백성에게 고통을 주는 세금 제도를 고치는 등 어진 정치를 펼쳤다.

하지만 노론과 계모인 정순왕후가 뭉쳐 끊임없이 영조에게 사도세자가 나쁜 짓을 한다고 거짓으로 꾸며 일러바쳤다. 일찍부터 사도세자에게 비판을 받아 그가 왕위에 오르면 자신들의 힘이 약해질 것을 두려워해 세자를 그 자리에서 끌어내리기 위함이었다. 그럴 때마다 영조는 세자를 불러 크게 꾸짖었다. 그로 인해 사도세자는 영조를 몹시 무서워했고, 궁녀를 함부로 죽이는 등 정신이 나간 사람처럼 행동했다.

1761년 마침내 정순왕후의 아버지인 김한구 등 일파가 세자의 비행 10가지를 적어 영조에게 올렸다. 이에 크게 화가 난 영조는 세자 직위를 빼앗고 그에게 자결을 명했으나, 살려달라고 애원하자 뒤주 속에 가둬 굶겨 죽였다.

세자가 죽은 뒤 영조는 곧 자신의 행위를 뉘우쳐 세자의 죽음을 애도한다는 뜻에서 '사도'라는 시호(높은 사람이 죽은 뒤 그 사람의 공을 기리기 위해 붙이는 이름)을 내렸다. 그리고 세자의 직위를 다시 찾아줬다. 1777년 그의 아들인 정조가 왕위에 오르며 '장헌'으로 추존(왕위에 오르지 못하고 죽은 사람에게 왕의 호칭을 올림)했고, 고종 때인 1899년에 다시 '장조'로 추존되었다.

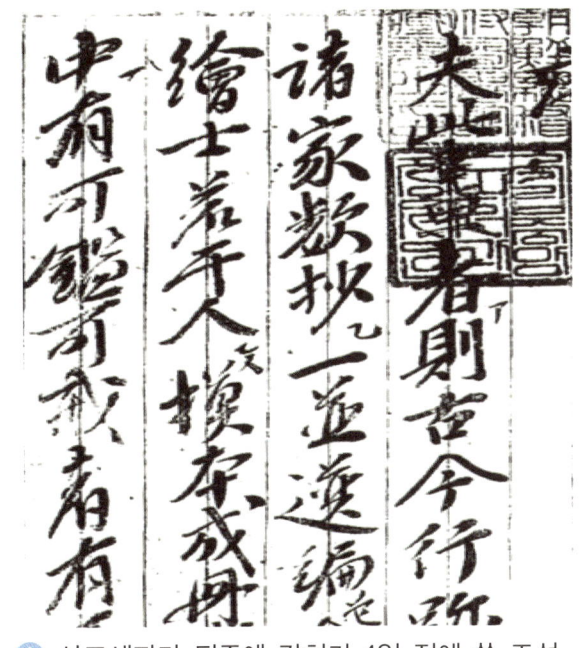

⬆ 사도세자가 뒤주에 갇히기 4일 전에 쓴 조선 시대 화첩인 '중국 역사 회모본'의 서문. 이 화첩엔 연애 소설과 천주교 책 등 당시 왕세자가 드러내놓고 읽을 수 없었던 책의 목록이 담겨 사도세자의 지적 호기심을 엿볼 수 있다. 〈자료:국립중앙도서관〉

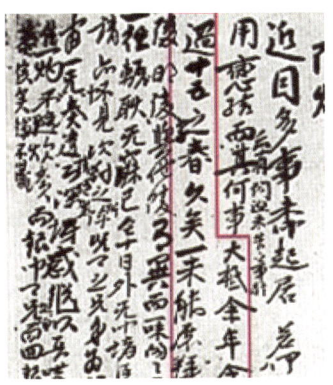

⬆ 사도세자가 만 14세 때 장인에게 쓴 편지. "내 나이 올해로 이미 15세의 봄을 넘기니 오래되었습니다만, 아직 한 번도 숙종대왕의 능에 참배하지 못했습니다."라고 쓰여 있다.

세자 제도는 왕권 안정과 성군 교육 위해 만들어

세자는 왕위를 이어갈 왕자를 가리키는 말로 '왕세자'의 줄임말이다.

조선 시대의 세자 제도는 왕위 계승이 부자 세습제로 굳어지며 시작되었다. 일찍 후계자를 정해 왕권의 안정을 꾀하고, 철저한 교육을 통해 성군으로 길러내기 위한 목적이 강했다.

고대에는 태자라는 호칭이 쓰이다가 고려 시대 후기부터 세자라는 호칭이 등장했다.

세자 책봉은 신하들이 왕에게 청해 이뤄지기도 했지만 전적으로 임금이 알아서 했다. 책봉 의식은 왕실의 여러 가지 의례를 밝혀놓은 『오례의』 규정에 따라 여덟 살 전후에 대궐의 근정전(정전·왕이 조회를 하던 궁전) 앞뜰에서 치렀다.

세자는 책봉례(세자 임명식)가 끝나면 그에 걸맞은 예우를 받았다. 세자를 상징하는 칠장복(일곱 가지 문양이 들어간 세자의 정복)과 죽책문(임명서), 교명문(세자에게 당부하는 훈계 글), 세자인(도장)이 주어졌다. 세자는 또 교육을 담당하는 관료와 호위를 담당하는 관료를 거느렸다.

세자의 일과는 공부가 거의 전부였으며, 나라의 모든 행사에 참여해야 했다. 조상의 제사를 챙기고, 외국 사신을 맞는 자리에도 참석했다. 말 타기와 활쏘기, 글쓰기 등도 연마했다. 그러나 정치에 관여하는 말이나 행동은 왕이 허락하는 경우만 빼고는 일절 할 수 없었다.

⬆ 왕세자 책봉도. 창덕궁 인정전에서 열린 정조의 아들 문효세자(1782~86)의 왕세자 책봉 의식의 일부.
〈서울대학교박물관에 있음〉

생각이 쑤욱

1. 조선 시대 세자 제도가 필요했던 이유를 두 가지만 설명해요.

머리에 쏘~옥

왕이 되지 못한 세자들

조선 시대에는 모두 27명의 세자가 있었습니다. 그런데 12명은 왕이 되지 못했어요.

양녕대군은 자신보다 더 뛰어난 자질을 지닌 동생 충녕대군(세종)에게 양보했고, 연산군의 아들 이황과 광해군의 아들 이질은 아버지가 폐위되면서 운명을 같이 했어요.

황태자로 책봉되었으면서도 조선 왕조가 망해 왕이 되지 못한 영친왕 이은도 있습니다.

인조의 아들 소현세자는 병자호란 이후 아버지 대신 청나라에 잡혀갔다 8년 만에 귀국했지만 갑자기 죽고 말았어요.

2. 사도세자가 왕이 되지 못한 이유를 본문에서 추측해 세 가지 이상 들어보세요.

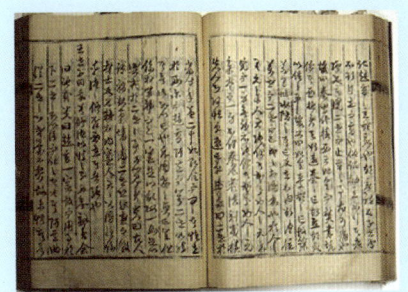

⬆ 소현세자가 쓴 일기 원본.

3. 조선 시대 왕위 계승은 적장자(왕비가 낳은 맏아들)가 원칙이었지만, 덕이 있는 왕자도 왕이 될 수 있었어요. 그 예에 해당하는 왕을 찾아보세요.

11

생각이 쑤욱

 사도세자의 태도로 미루어 왕위에 올랐을 경우 어떤 정치를 펼쳤을까요? 정치, 경제(세금 제도 등), 학문, 인사 네 가지 영역에서 얘기해 보세요.

정치	
경제	
학문	
인사	

 세계유산에 오른 사도세자의 융릉을 찾은 관람객들에게 사도세자와 융릉 안내 책자를 만들어 배포하려고 해요. 사도세자를 400자로 소개하세요.

인물사 2

절의를 지킨 사육신 성삼문

성삼문(1418~56)은 조선 전기의 문신이자 학자로 사육신의 한 사람입니다. 사육신이란 조선 시대 제6대 왕인 단종(재위 1452~55)의 복위를 꾀하다 사전에 발각되어 죽임을 당한 성삼문, 박팽년, 이개, 하위지, 유성원 등 여섯 명의 충신을 말합니다. 단종은 아버지인 문종(제5대 왕)의 뒤를 이어 어린 나이에 왕위에 올랐으나 숙부(아버지의 결혼한 남동생)인 수양대군(세조)에게 왕위를 빼앗겼지요.

해마다 10월 9일이면 서울 동작구 노량진동 사육신묘에서는 이들의 선비 정신을 기리고 넋을 위로하는 '사육신 추모 제향'을 올린답니다.

성삼문은 집현전 학자로 글씨를 잘 썼고 문장에 뛰어났습니다. 그는 세종 때 한글 창제를 위한 음운을 연구해 훈민정음을 반포케(세상에 널리 퍼뜨려 알게) 했습니다. 그러나 세조가 단종을 몰아내고 왕위에 오르자 단종의 복위를 꾀하다 들켜 39세의 나이로 짧은 삶을 마감했습니다.

사람은 누구나 생명을 가장 소중히 여깁니다. 하지만 성삼문은 하나뿐인 생명을 나라와 정의를 위해 바쳤습니다. 그의 꺾이지 않는 신념과 언행이 일치된 삶은 많은 교훈을 줍니다. 성삼문의 삶을 살펴보고, 그가 한 일과 행동에서 배울 점을 생각해요.

↑ 성삼문

> **관련 교과**
> **3학년 1학기 국어 5단원**
> 앎의 즐거움
> **3학년 2학기 도덕 4단원**
> 나라 사랑의 길
> **4학년 2학기 사회 1단원**
> 문화재와 박물관

집현전 학사가 되어 세종의 총애를 받다

성삼문은 제4대 왕 세종(재위 1418~50)이 왕위에 오른 해인 1418년 무관이던 성승의 맏아들로 태어났다. 태어날 때 그의 어머니가 꿈에서 "낳았느냐?"라는 질문을 세 번이나 들었다고 해 이름을 '삼문'이라 지었다.

그는 21세 때 과거에 합격했다. 그 뒤 집현전(궁중에 설치한 학문 연구 기관) 학사로 뽑혔다. 25세 때 사가독서제도(집현전 학사들에게 몇 달 동안 출근하지 않고 독서와 연구에 전념하게 한 제도)에 의해 삼각산 진관사에서 신숙주(1417~75) 등과 함께 공부했다.

27세 때에는 요동(랴오둥반도)에 귀양 와 있는 명나라 음운학자 황찬에게 음운학을 배우기 위해 신숙주와 함께 13차례나 오가며 노력했다. 그리고 세종 28년(1446)에 훈민정음을 제정·반포하는 데 기여했다.

세종 31년 명나라에서 예겸이라는 사신이 왔는데 마땅히 접대할 사람이 없자 세종은 성삼문과 신숙주에게 그와 학문적인 교류를 하도록 했다. 예겸은 성삼문의 학식과 재능, 의로운 성품에 이끌려 친구로 삼았다. 훗날 예겸의 제자가 사신으로 조선에 왔다가 성삼문이 죽은 사실을 알

↑ 성삼문을 기리기 위해 세운 비. 충남 홍성군 홍북면 노은리에 있다.

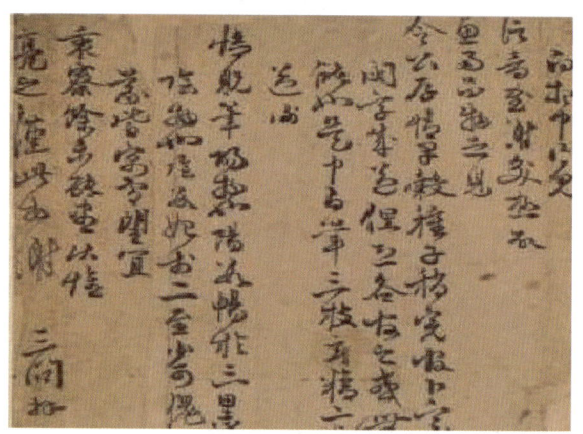
↑ 『근묵』에 수록된 성삼문의 편지글. 『근묵』은 독립운동가이자 서예가였던 오세창(1864~1953)이 조선 시대 이름난 사람들의 글씨를 모아 엮은 책이다.

고 크게 안타까워했다고 한다.

세종의 명을 받아 신숙주 등과 함께 중국 한자음을 정리한 『동국정운』 6권과 『예기대문언두』를 편찬했다. 시문집에는 『성근보집』이 있다.

사육신으로 역사에 영원히 남다

서울시 동작구 노량진1동에 있는 사육신공원 의절사원. 사육신의 이름이 적힌 위패가 모셔져 있다.

성삼문은 1452년 집현전에서 두 번째로 높은 품계인 대제학(정2품)이 되어 국가 정치에 깊숙이 관여하게 되었다. 그런데 세종의 뒤를 이어 문종이 왕위에 오른 지 2년 9개월 만에 39세의 나이로 세상을 떠나자 12세의 단종이 왕위에 올랐다. 단종은 3년도 안 돼 수양대군의 압력에 못 이겨 왕위를 물려주고 말았다.

이때 집현전 학자들에게 공신 칭호를 주었는데, 다른 공신들은 돌아가며 축하연을 베풀었지만 성삼문은 이를 부끄럽게 여겨 연회를 열지 않았다. 1455년 예방승지(왕명의 출납과 보고를 맡아 처리하던 벼슬)였던 성삼문은 수양대군에게 옥새(국권의 상징으로 왕이 사용하던 도장)를 전해야 했는데, 옥새를 끌어안고 통곡했다.

성삼문은 39세(1456) 때 박팽년 등과 단종을 다시 왕위에 앉히기 위해 복위를 꾀했다. 하지만 이 일에 참여했던 사람이 밀고해 체포되었다.

세조가 "무엇 때문에 나를 배반하는가?"라고 묻자, 그는 "신하가 제 임금을 원래대로 모시려는 것은 당연한 이치인데 왜 나리만 반역이라 하는 것이오? 하늘에 태양이 둘이 없고 신하에게도 임금이 둘이 있을 수 없기 때문이오."라고 대답했다.

세조가 다시 "너는 나의 녹을 먹지 않았는가?"라고 물었다. 이에 성삼문은 "나는 결코 나리의 녹을 먹지 않았소. 내 집을 뒤져 보면 알 것 아니오."라고 대답했다.

성삼문은 결국 모진 고문 끝에 팔다리가 찢기는 형을 받고 죽었다.

죽어서 충절 지킨 성삼문과 살아서 권세 누린 신숙주

성삼문과 신숙주는 모두 집현전 학자로 세종이 훈민정음을 만들어 보급하는 일을 적극 도왔다. 세종은 두 사람을 무척 아껴 늘 데리고 다녔다.

나이는 신숙주가 한 살 많았지만 둘은 친구이자 동료로 매우 가깝게 지냈다. 하지만 수양대군이 단종을 몰아내고 왕위에 오르며 두 사람은 다른 길을 가게 되었다.

신숙주는 조선을 세운 지 얼마 되지 않는 상황에서 왕이 너무 어려 신하들이 왕을 허수아비로 만드는 일이 잦으니 문무에 뛰어나고 결단력이 있는 세조가 나라를 다스리는 게 더 낫다고 봤다.

이에 비해 성삼문은 유교적 충신의 도리를 중요하게 여겨 세종의 뜻을 지켜야 한다고 생각했으므로 세조의 왕위를 인정하지 않았다. 성삼문은 고문을 받다가 세조 옆에 있던 신숙주를 보고 "선대왕께서 왕손을 안고 산책하시며 우리에게 부탁하신 말씀이 아직도 쟁쟁한데 네 놈만 그 일을 잊었단 말이냐?"라고 호통을 쳤다.

성삼문은 결국 죽임을 당했다. 하지만 신숙주는 살아서 재능을 마음껏 펼치며 많은 업적을 남기고 권세도 누렸다.

사육신 추모 제향제 모습.

충남 논산시 양촌리 성삼문의 묘.

성삼문은 숙종(재위 1674~1720) 때 명예를 되찾아 복권되었다. 영조(재위 1724~1776) 때 이조판서에 추증(죽은 사람에게 판서의 호칭을 올림)되었고, '충문'이라는 시호(죽은 뒤에 공덕을 칭송해 붙인 이름)를 받았다.

생각이 쑤욱

1. 성삼문은 어떤 사람이었나요? 성삼문의 특징이 잘 드러나도록 알맞은 말을 넣어 문장을 완성해보세요.

예)성삼문은 뛰어난 재능을 가진 조선 시대의 대표적 유학자로, 목숨을 바쳐 왕에게 충성을 다했다.

성삼문은 _____ 이었다.

2. 다음은 성삼문이 형장에서 남긴 시조입니다. 그가 시조를 통해 전하고 싶었던 말은 무엇일까요?

> 이 몸이 죽어서 무엇이 될까 하니
> 금강산 제일 큰 봉우리에 키 큰 소나무가 되어
> 온 세상이 흰 눈으로 가득할 때 홀로 푸르게 있으리라.

3. 성삼문은 세조가 내린 녹봉(쌀)을 그대로 쌓아두었습니다. 그 이유는 무엇일까요?

4. 성삼문이 신숙주처럼 수양대군에게 협력했더라면 어떻게 되었을까요?

머리에 쏘~옥

성삼문이 심은 은행나무

충남 논산시 부적면 충곡리에는 570여 년 전 성삼문이 어린 시절에 심은 은행나무(사진)가 있어요. 은행나무 앞에는 성삼문을 기리는 비가 세워져 있어요.

성삼문의 묘가 세 곳에 있는 이유

성삼문의 묘는 서울 동작구 노량진의 사육신묘, 논산시 양촌리, 충남 홍성군 등 세 곳에 있어요.

세조는 반역죄를 지으면 어떻게 되는지 백성들에게 알리기 위해 갈기갈기 찢긴 성삼문의 시신을 지게에 지고 전국을 돌게 했지요.

성삼문의 묘가 논산에 있는 이유는 시신 일부를 지게에 지고 가던 사람이 지금의 성삼문재(구리개고개)를 넘게 되었는데, 마침 한여름이라 무덥고 귀찮은 생각이 들어 시체에 대고 욕설을 퍼붓자 어디선가 "아무 곳에나 묻어라."라는 소리가 들려 그곳에 묻었기 때문이랍니다.

생각이 쑤욱

5 영조가 성삼문에게 이조판서라는 벼슬과 충문이라는 시호를 내린 이유는 무엇일까요?

6 다음은 성삼문과 신숙주의 말입니다. 두 사람의 입장을 들어본 뒤 누구의 말에 동의하는지 내 의견을 정하고 그 이유도 밝혀 400자로 쓰세요.

세종대왕께 받은 사랑이 하늘과 같은데 선왕의 뜻도 저버리고 마땅히 섬겨야 할 임금도 배신하면서 업적이 다 무슨 소용인가? 신하의 도리와 인간임을 포기하고 이름을 날린다고 한들 죽어서도 부끄러운 일이 아니겠는가.

임금을 바꾸어 섬긴 것이 무어 그리 큰 문제인가? 나라를 위해 내가 가진 능력과 재주를 발휘했을 뿐이오. 약한 왕보다는 강한 왕이 나라를 강건하게 다스릴 게 아닌가? 게다가 남아있는 가족들도 생각해야 할 게 아니오.

인물사 3

우리 역사 최초의 여왕 '선덕여왕'

🔼 선덕여왕 전신 그림(왼쪽 사진)과 선덕여왕을 주인공으로 한 MBC TV 드라마의 한 장면.

신라 시대 선덕여왕(재위 632~47)을 소재로 한 TV 드라마(2009년 5월 25일~12월 22일) 가 방송되며 선덕여왕이 새롭게 주목받고 있어요.

선덕여왕은 신라 제27대 왕으로, 우리나라 최초의 여왕입니다. 50세가 넘은 나이에 왕위에 올랐는데, 타고난 총명함을 발휘해 지혜와 덕으로 나라를 다스렸어요.

선덕여왕은 백성을 사랑해 가난한 사람들을 보살피는 정책을 적극 추진했습니다. 또 중국(당나라)의 앞선 문물을 수입하고, 불교를 장려해 신라의 문화를 꽃피우게 했어요.

선덕여왕 시대에는 이웃 나라들의 침입으로 크고 작은 전쟁이 끊이지 않았습니다. 그러나 선덕여왕은 이에 굴하지 않고 나라를 지키기 위해 노력했습니다. 선덕여왕의 업적을 알아보고, 왕위에 오르기까지의 과정, 신라에만 여왕이 있었던 이유 등을 공부해요.

관련 교과
3학년 2학기 사회 1단원
고장 생활의 변화
3학년 2학기 사회 2단원
우리 고장의 전통 문화
4학년 2학기 사회 1단원
문화재와 박물관

지혜와 덕으로 나라를 다스리다

선덕여왕은 진평왕(재위 579~632)과 마야부인의 맏딸로 태어났다. 성은 김 씨, 이름은 덕만이다.

진평왕이 왕위를 이을 아들이 없이 죽자 귀족들이 모여 나라의 중대한 일을 의논하던 화백회의를 통해 그를 왕으로 추대했다.

○ 2009년 7월 경북 경주시에서는 '선덕여왕 그 화려한 부활'을 주제로 선덕여왕 행차가 재연되었다.

왕위에 오른 선덕여왕은 먼저 관리들을 전국에 파견해 흉년으로 어렵게 생활하는 백성을 구제했다. 633년에는 세금을 면제해 주는 등 백성의 생활을 안정시키기 위해 애썼다. 이듬해 '인평'이라는 독자적인 연호(한문을 쓰는 동양에서 왕이 다스렸던 기간에 붙이는 칭호)를 사용해 당나라에 대한 신라의 자주성을 확고히 했다. 그러나 당나라에 해마다 사신을 보내는 등 친하게 지내기 위해 노력도 했다.

642년부터 이웃 나라인 고구려와 백제의 침공이 잦아지자 김유신(595~673, 삼국을 통일한 장군)을 압량주(지금의 경북 경산) 책임자로 보내 백제의 공격을 막게 했다. 그리고 당나라에 사신을 보내 동맹을 맺는 등 적극적인 외교를 펼쳤다. 647년 전쟁으로 혼란스러운 틈을 타 상대등(나라의 정권을 맡았던 으뜸 벼슬)인 비담 등 진골 귀족들이 난을 일으켰다. 그들은 왕이 여자이기 때문에 나라를 잘 다스리지 못한다는 구실을 내세웠다. 선덕여왕은 김유신과 김춘추(604~661, 제29대 왕)를 시켜 난을 진압했다. 하지만 같은 해 왕위에 오른 지 16년 만에 세상을 떠나고 말았다.

선덕여왕이 왕으로 있는 동안 신라는 고구려와 백제의 계속되는 침입 때문에 매우 혼란스러웠다. 그럼에도 그는 김유신과 김춘추 등의 도움으로 백성에게 어진 정치를 할 수 있었다.

문화 발전에도 힘을 쓰다

⬆ 경북 경주시 구황동 분황사 석탑(국보 제30호).

⬆ 경북 경주시 구황동 황룡사 9층 목탑 터.

⬆ 경북 경주시 인왕동 첨성대(국보 제31호).

선덕여왕은 당나라의 발달한 문화를 받아들이는 등 신라의 문화 발전에도 많은 노력을 기울였다.

동양 최대며 가장 오래된 천문대인 첨성대를 세워 농사에 도움을 주었다. 불교를 장려해 분황사와 영묘사 등의 절을 세우고 불경도 연구시켰다. 첨성대는 신라 백성이 천문과 날씨를 과학적으로 관찰할 수 있게 했다. 분황사 석탑은 현재 존재하는 신라 석탑 중 가장 오래되었다.

선덕여왕은 특히 당나라에서 귀국한 승려 자장(590~658)의 건의에 따라 높이가 80미터에 이르는 황룡사 9층 목탑을 세웠다. 이 목탑은 1238년 몽골의 침입 때 불타버려 터만 남았다. 터는 한 변의 길이가 22.2m이며 면적은 500㎡인데, 64개의 주춧돌이 남아 있다. 이 탑에는 나라를 구하려는 호국 정신과 삼국 통일의 염원이 담겨 있다.

왜 신라에서만 여왕이 나왔을까

우리나라 역사상 여왕이 있었던 나라는 신라뿐이다. 여왕은 선덕여왕과 진덕여왕(재위 647~54), 진성여왕(재위 887~97) 등 셋이다.

남성 중심의 엄격한 신분제 사회에서 여왕이 나올 수 있었던 이유는 신라에만 있었던 독특한 골품제도(혈통에 따라 나눈 신분 제도)의 영향이 크다. 신라의 왕은 골품제의 원리에 따라 정해졌다. 왕족은 성골과 진골(부계와 모계 가운데 어느 한쪽이 왕족인 사람)로 나뉘는데, 성골은 왕과 왕후의 자녀나 왕의 형제의 가족 등 부모가 모두 왕족인 사람이다. 성골은 모두 왕위를 이을 수 있는 자격이 있었다. 새로운 왕이 왕위에 오르면 새로운 성골 집단이 만들어지고, 이전 왕의 형제와 자녀들은 진골로 신분이 낮아졌다.

신라의 왕위는 이처럼 부모 양쪽이 모두 성골이어야 이어받을 수 있었다. 진평왕이 아들이 없이 죽자 왕위를 이을 성골은 선덕여왕과 조카인 진덕여왕(승만)뿐이었다.

진덕여왕은 진평왕의 동생인 갈문왕(신라 때 왕에 버금가는 지위로, 왕의 가까운 친척에게 주던 칭호)의 딸이었다. 그런데 선덕여왕이 후계자가 없이 죽어 그 뒤를 이어 왕위에 올랐다.

진성여왕은 오빠인 정강왕(재위 886~87)의 유언에 따라 왕위에 올랐다. 정강왕은 선덕여왕과 진덕여왕 시대의 영광을 되찾기 위해 여동생을 왕으로 세웠다.

⬆ 경북 경주시 보문동에 있는 선덕여왕의 능(사적 제182호).

생각이 쑤욱

1 남성 위주의 신분제 사회에서 선덕여왕이 왕이 될 수 있었던 이유는 무엇인가요?

머리에 쏘~옥

선덕여왕과 모란꽃 이야기

선덕여왕은 당나라 사신이 가져온 모란꽃(사진) 그림에 벌과 나비가 없는 것을 보고 향기가 없는 꽃임을 알았다고 해요. 씨앗을 심은 뒤 얼마 후 탐스럽고 아름다운 꽃이 피어났지만 정말 향기가 나지 않았지요. 이 밖에 전쟁의 조짐을 미리 알아차린다거나 자신이 죽을 날을 예언했다는 이야기가 역사책에 실려 있어요.

2 선덕여왕이 중국에서 가져온 모란꽃 그림을 보고 꽃에 향기가 없다는 사실을 알았을 정도로 지혜롭다는 이야기가 신문에 실렸어요. 그 신문 기사에 제목을 달아보세요(13자 이내).

황룡사 9층 목탑이 만들어진 전설

승려 자장율사에게 신이 나타나 황룡사에 9층 탑을 세우고 죄인들을 풀어주면 태평한 세상이 될 것이라는 말을 했대요. 자장율사는 곧 선덕여왕에게 신의 뜻을 알렸고, 선덕여왕은 백제의 석공 아비지를 데려와 탑을 쌓게 했답니다.

3 선덕여왕 때 만든 첨성대가 천문대가 아니라 선덕여왕의 상징물이라는 주장이 있어요. 여러분의 생각은 어떤가요?

4 황룡사 9층 목탑은 높이가 80미터에 이르는 거대한 탑입니다. 신라의 수도인 경주에 이러한 탑을 지은 이유는 무엇일까요?

5 상대등 비담은 왕이 여자이기 때문에 나라를 잘 다스리지 못한다며 난을 일으켰어요. 자신의 경험을 바탕으로 구체적인 사례를 들어 비담의 생각을 반박해요.

6 선덕여왕은 신라가 고구려와 백제의 침략으로 어려움에 처하자 당나라에 도움을 요청합니다. 우리나라의 일을 다른 나라의 도움을 얻어 해결하려고 한 지도자로서 선덕여왕의 태도에 대해 내 의견은 어떤지 400자로 평가하세요.

인물사 4

위기에서 나라를 구한 조선의 명장 이순신

2009년 10월 전남 진도와 해남 사이 울돌목 바다에서는 충무공 이순신(1545~98)이 1592년 임진왜란 때 이룬 명량해전을 기념하는 축제가 열렸어요. 명랑해전은 조선(1392~1910년 한반도를 통치한 나라)을 침범한 일본의 군함 133척을 판옥선(조선의 주력 군함) 12척으로 격파한 전투를 말합니다.

이순신은 조선 시대의 장군으로, 임진왜란(1592~98)이 일어났을 때 뛰어난 전략으로 왜적을 물리쳐 나라를 구했습니다. 이순신은 성품이 바르고 정직해 백성의 존경을 한몸에 받았지만 그를 시기하고 모함하는 사람도 많았습니다. 그래서 어려움을 많이 겪었지요.

이순신 장군이 나라를 위해 한 일과 임진왜란에 대해 살펴보고, 그에게서 배워야 할 점을 공부해요.

🔼 이순신 장군

관련 교과
3학년 1학기 국어 5단원
앎의 즐거움
3학년 2학기 사회 2단원
우리 고장의 전통 문화
4학년 2학기 도덕 5단원
우리나라 우리 조국

큰 뜻을 세우고 벼슬길에 오르다

⬆ 2009년 8월 문을 연 서울 광화문 광장의 이순신 장군 동상 주변에 충무공의 정신을 숫자로 표현한 '12·23 분수'가 물줄기를 내뿜고 있다. 12는 12척의 배를, 23은 임진왜란 때 왜적과 23번의 전투를 모두 승리한 숫자를 의미한다.

이순신은 1545년 한성부 건천동(서울 인현동)에서 아버지 이정과 어머니 변 씨의 셋째 아들로 태어났다. 태어날 때 이순신의 어머니 꿈에 할아버지(이백록)가 나타나 "장차 나라를 위해 큰일을 할 사람이니 이름을 순신이라 하라."고 해 그대로 이름을 지었다고 한다.

이순신은 어렸을 때부터 전쟁놀이와 무예를 좋아했으며, 항상 대장이 되겠다고 말했다. 이순신은 문과 무를 두루 갖췄는데, 22세 때부터 무과에 뜻을 두었다. 그의 나이 28세(선조 5년)에 과거에 응시했지만, 시험 도중 말이 넘어지는 바람에 실패했다. 4년 뒤인 1576년 32세에 재도전해 합격했다.

이순신은 무예와 학문이 뛰어났음에도 벼슬살이는 험난했다. 당시 조선의 관료는 부정부패했다. 이에 비해 이순신은 자기의 일을 묵묵히 하며 자신을 잘 관리했다.

나라의 일과 개인적인 일을 엄격히 구분했기 때문에 윗사람이나 동료들의 시기를 받기도 했다. 그래서 이순신은 두 번이나 백의종군(벼슬 없이 군대를 따라 싸움터로 나감)을 했다.

1591년 47세에 전라좌수사(전라도 수군의 총책임자)로 임명된 뒤 전쟁을 대비해 군사를 훈련시켰다. 또 거북선을 만드는 등 전투에 필요한 장비와 무기를 철저하게 갖췄다. 그는 글도 잘 써 『난중일기』와 시조, 한시 등 여러 편의 작품을 남겼다.

목숨 바쳐 끝내 임진왜란을 승리로 이끌다

⬆ 2009년 10월 10일 오후 전남 진도대교 일대에서 '2009 명량대첩 축제'가 열렸다. 사진은 당시 수군과 왜군의 전투 재현 모습.

1592년 임진왜란이 일어나 왜군에 의해 한 달 만에 수도 한양이 함락되자 선조(조선 제14대 왕·재위 1567~1608)가 피란길에 올랐다. 그때 전라좌수사였던 이순신은 왜군의 침입 보고를 받고 출동해 옥포해전(지금의 경남 거제시 옥포에서 1592년 5월 7일 벌어진 전투)에서 첫 승리를 거뒀다. 그 뒤 당포와 당항포, 한산도, 부산포 등의 해전에서 모두 승리하며 바다를 완전히 손아귀에 넣었다. 특히 한산도 앞바다에서 승리한 해전은 진주성 싸움, 행주산성 싸움과 더불어 임진왜란 3대첩으로 꼽힌다. 한산도대첩에선 서해로 진출하려는 왜군을 학익진(전투에서 학이 날개를 펼친 듯한 형태로 적을 포위해 공격하는 진법)을 펴 크게 무찔렀다. 그 뒤 일본 수군은 전의를 잃고 바다에서는 더 이상 싸우려 하지 않았다. 육지에서 연승하던 왜군도 이순신의 활약으로 보급로가 끊기는 등 큰 타격을 받아 결국 밀리기 시작했다.

이순신은 1593년 충청도와 경상도·전라도의 수군을 총지휘하는 삼도수군통제사에 임명돼 왜적과 대치하던 중 1597년 모함을 받아 옥에 갇혔다. 죽을 위기에 몰렸던 이순신은 충신들이 선조를 설득해 석방된 뒤 백의종군에 나섰다. 그리고 조선 수군이 전투에서 연패하자 다시 삼도수군통제사에 임명되었다. 그는 그 뒤 12척의 전함을 이끌고 왜군 함대 133척을 무찌르는 명량대첩을 거뒀다. 그리고 1598년 11월 자기 나라로 도망치는 왜군과 남해 노량에서 싸우다 전사했다.

전쟁을 대비해 거북선을 만들다

↑ 서울시 용산구 전쟁기념관에 전시된 거북선의 모형.

거북선은 이순신 장군이 임진왜란을 앞두고 해전을 고려해 조선 수군의 주력함이던 판옥선을 개조해 만든 것이다. 판옥선 위의 갑판을 철갑한 뒤 칼과 송곳을 두른 뚜껑으로 덮었다. 갑판 위에서 싸우는 병사를 보호하고 배에 오르는 적을 막을 수 있도록 하기 위함이었다.

이순신의 장계(임금에게 올리는 보고서)에는 "……신은 일찍이 왜적의 난리가 있을 것을 걱정해 거북선을 만들었사온데, 앞에는 용머리를 만들어 붙여 그 입으로 대포를 쏘도록 했고, 등에는 쇠못을 꽂았습니다. 안에서는 밖을 내다 볼 수 있어도 밖에서는 안을 들여다 볼 수 없습니다. 비록 적선 수백 척 속이라도 뚫고 들어가 능히 대포를 쏠 수 있습니다."라고 쓰여 있다.

거북선은 평저선(배 밑이 평평한 배)이라 화포를 쏴도 배가 쓰러지지 않으며 회전력이 강했다. 노와 돛을 둘 다 사용할 수 있어 기동력도 뛰어났다. 배도 쇠못이 아닌 나무못으로 연결해 빠지거나 녹슬지 않았다. 충격에도 강해 적선과 부딪혀 침몰시키는 돌격 전투함으로 쓰일 수 있었다.

거북선은 1592년 5월 사천해전에서 처음 사용되어 적선 13척을 부수며 승리했다.

생각이 쑤욱

1. 이순신이 임진왜란을 승리로 이끈 중요한 원인을 세 가지만 대보세요.

머리에 쏘~옥

강강술래

강강술래(**사진**)는 전라도 지방에 전해오는 민속놀이입니다. 임진왜란 당시 이순신이 왜군과 싸우기 위해 맞서 버틸 때 우리 군사의 수가 많아 보이도록 꾸미기 위해 부녀자들에게 모닥불을 피우고 떼를 지어 돌며 강강술래하는 노래를 부르게 한데서 나왔다고 합니다. 2009년 9월 30일 유네스코 세계무형유산에 올랐습니다.

2. 다음은 이순신이 선조에게 올린 장계의 일부입니다. 장계를 읽고 이순신이 어떤 인물이었는지 추측해보세요.

> 우리에게는 아직 12척의 배가 남아있사오니 죽기로 결심하고 싸운다면 적을 이길 수 있을 것이옵니다.

난중일기

『난중일기』는 이순신이 임진왜란이 일어난 해부터 시작해 전쟁이 끝나기 직전 노량해전에서 전사하기까지 7년 동안의 일을 기록한 전쟁 일기입니다.

이순신은 원래 자신의 일기에 특별한 제목을 붙이지 않았답니다. 난중일기란 이름은 이순신이 전사한 뒤 190년이 지난 1798년(정조 19년)에 『이충무공전서』를 내며 붙였답니다.

3. 이순신은 왜군과 싸우다 공을 세우거나 죽은 병사는 그 지위가 높고 낮음을 가리지 않고 반드시 임금에게 보고했다고 합니다. 그 까닭은 무엇일까요?

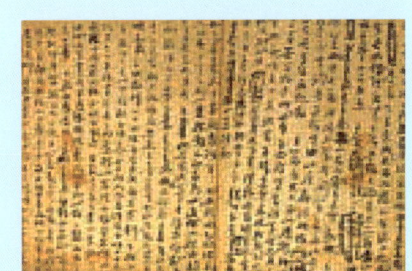

⬆ 현충사에 보관 중인 『난중일기』 원본.

 다음은 이순신이 발포(전남 고흥)의 수군 만호(수비대장)로 있을 때의 일입니다. 이순신의 행동을 보고 배울 수 있는 정신을 생각해봐요.

> 어느 날 상관인 전라좌수사가 이순신에게 사람을 보냈습니다. 거문고를 만들려고 하니 발포 객사 앞뜰에 있는 오동나무를 베어 보내라는 것이었습니다. 이순신은 절대 안 된다며 거절했습니다. 아무리 좌수사의 명령이라 하더라도 나라의 물건을 마음대로 자를 수는 없다고 말했습니다.

 경상남도는 2007년부터 '이순신 프로젝트'를 세워 남해에 있을 것으로 추정되는 거북선을 찾기 위한 사업을 벌이고 있어요. 거북선을 찾으면 어떤 점이 좋을지 세 가지 이상 들어보세요.

⬆ 경상남도가 거북선을 찾기 위해 출항식을 벌이는 모습.

 이순신은 자신의 목숨을 희생하며 나라를 위하는 마음을 보여줬습니다. 하지만 하나뿐인 자신의 생명과 가족도 소중합니다. 내가 이순신이었다면 그 상황에서 어떻게 했을지 400자로 밝혀보세요.

인물사 5

노력으로 이룬 조선 최고의 명필 한석봉

⬆ 2009년 10월 25일 경기도 가평실내체육관에서 열린 한석봉 선생 전국 휘호 대회 모습.

2009년 10월 25일 경기도 가평에서 '제10회 한석봉 선생 전국 휘호 대회'가 열렸어요. 이 대회는 한석봉 선생의 덕을 기리고 서예 정신을 계승 발전시키기 위해 마련된 문화 축제입니다. 한석봉은 가평군수로 있을 때 많은 글과 시문을 지어 남겼습니다.

한석봉은 추사 김정희(1786~1856)와 어깨를 나란히 하는 우리나라 최고의 서예가로 꼽힙니다.

석봉이 어릴 적에 불을 끈 어두운 방에서 어머니의 떡 썰기와 자신의 글씨 쓰기를 겨룬 이야기는 유명합니다.

한석봉은 타고난 재능을 갈고 닦는 끊임없는 노력으로 명필이 되었는데, 우리에게 진정한 공부가 무엇인지 깨닫게 합니다.

한석봉의 삶과 그가 우리나라 서예사에 미친 영향 등을 공부해요.

> **관련 교과**
> **3학년 1학기 도덕 4단원**
> 화목한 우리 집
> **3학년 1학기 국어 3단원**
> 생각하는 생활
> **4학년 2학기 국어 5단원**
> 가슴을 열고

가난해서 먹조차 못 사… 홀어머니가 뒷바라지

한석봉은 1543년 개성에서 태어났다. 그는 어릴 적 아버지를 여의고 매우 가난하게 살며 할아버지에게 글씨 쓰는 법을 배웠다. 하지만 먹과 종이조차 살 수 없는 형편이어서 항아리나 돌 등에 물을 찍어 글씨를 연습했다.

어려운 환경이었지만 한석봉은 홀어머니의 지극한 뒷바라지와 격려를 받으며 열심히 노력했다.

그는 25세 때 과거에 합격해 경기도 가평 군수와 강원도 흡곡현령 등을 지냈다. 그 뒤 사자관(맨처음 작성한 외교 문서나 왕의 글을 베껴 정리하는 관리)이 되어 나라의 주요 외교 문서를 도맡아 썼다. 특히 외국의 사신을 맞는 자리에는 항상 석봉이 글씨를 썼다. 그는 또 사신을 따라 여러 차례 중국(명나라)을 다녀오기도 했다.

그의 글씨는 나라 안팎에 널리 알려져 이름을 떨쳤다. 관리가 된 뒤에도 끊임없이 노력해 자신만의 독특한 필체인 석봉체를 개발했다.

선조(조선 제14대 왕, 재위 1567~1608)의 명령을 받아 쓴 『해서 천자문』은 석봉체의 보급에 큰 역할을 했다.

그가 손수 쓴 글씨는 별로 남아 있지 않은데, 전해지는 것은 주로 행주승전비를

⬆ 한석봉의 전신 그림.

⬆ 한석봉이 직접 쓴 경북 안동의 도산서원(사적 제170호) 현판. 이 서원은 대학자인 퇴계 이황(1501~70)의 학문과 덕을 추모하기 위해 1574년 세워졌다.

포함해 허엽신도비(용인)와 서경덕신도비(개성) 등 비문 형태다. 원본을 베껴 책으로 낸 『석봉서법』과 『석봉천자문』이 남아 있다.

중국 서풍 벗어나 석봉체 완성

한석봉은 중국 최고의 서예가인 왕희지(307~65)와 안진경(709~85) 등 여러 명필가의 필법을 익혀 해서와 행서·초서 등 각종 서체에 뛰어났다.

조선 초기의 글씨는 고려 시대의 글씨체를 이어받았기 때문에 중국 원나라 때의 서예가인 조맹부(1254~1322, 왕희지의 글씨를 따름)의 글씨체가 주류였다. 하지만 한석봉은 중국의 글씨체를 따르지 않고 자신의 글씨체인 석봉체를 만들어냈다.

한석봉을 아꼈던 선조는 그의 재능을 알아보고 늘 가까운 곳에 두어 나라의 중요한 문서를 쓰게 했다. 선조는 친히 "하늘과 땅과 그대의 글씨가 조화를 이루었도다."라는 글귀를 써 보내기도 했다.

중국 명나라의 학자 왕세정(1526~90)도 "석봉의 글씨는 성난 사자가 바위를 갉아내고 목마른 천리마가 냇가로 달리는 것처럼 힘차다."라고 칭찬했다. 중국인들에게 그는 '조선의 조맹부'라는 평을 들었다.

석봉체는 왕실은 물론 시골 어린이에게 이르기까지 널리 퍼졌다.

석봉체는 조선 중기 서풍의 형성과 서예의 발전에 크게 공헌했다.

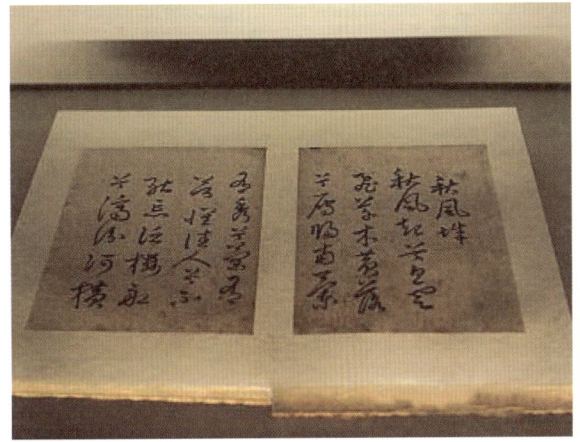
↑ 서울 용산구 국립중앙박물관에 있는 한석봉 증유여장서첩(보물 제1078호). 1596년 친구들이 열어 준 잔치 때 써서 준 것이다

↑ 한석봉이 쓴 행주승전비. 이 비는 임진왜란(1592~98) 때 행주대첩을 거둔 권율(1537~99) 장군의 공을 기념하기 위해 세웠다.

시도 잘 지어… 중국 시인 이백 영향 받아

한석봉은 글씨도 잘 썼지만 시도 잘 지었다. 그와 절친했던 최립(1539~1612)은 "사람들은 석봉의 글씨는 알지만, 그의 시는 모른다. 석봉은 평생 이백의 시를 즐겼으며 말하는 사이에도 시가 술술 흘러나왔다."고 말했다.

한석봉은 중국 최고의 시인인 이백(701~62)을 매우 좋아해 지금까지 전하는 그의 글씨에는 이백의 시가 많다.

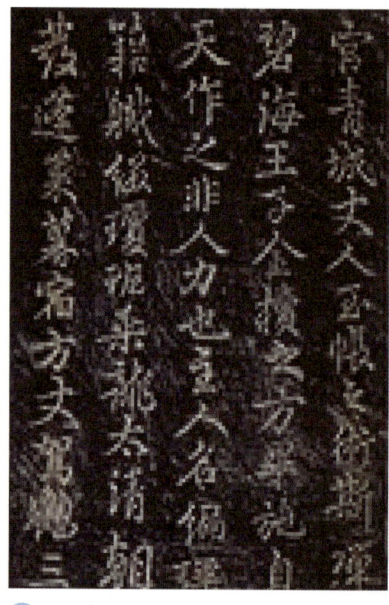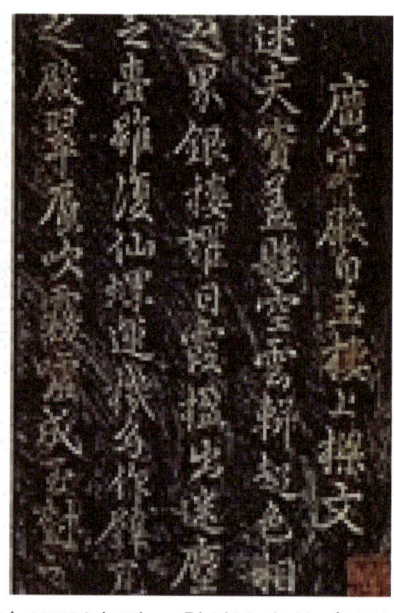

⬆ 조선 중기 여류 시인 허난설헌이 1570년 짓고 한석봉이 쓴 '광한전 백옥루 상량문(집을 지을 때 대들보를 올리며 행하는 의식의 글)'. (강릉시립박물관 소장)

스스로 시를 짓기도 좋아했는데, 이백의 영향을 많이 받았다. 조선 후기 중인 문학가 유재건(1793~1880)이 중인층 이하 인물들의 행적을 기록해 1862년 펴낸 『이향견문록』에는 한석봉의 시 '달을 희롱하다'가 전한다. 조선 후기 김천택의 시조집 『청구영언』 등에 전하는 '짚방석 내지 마라'에는 소박하고 꾸밈없는 멋을 즐기는 시인의 자세가 잘 나타나 있다.

한석봉은 평소 좋아했던 시문을 써 모아두었던 것을 말년이 되어 서첩(『한경홍진적』)으로 펴냈다. 서첩에는 그의 서예에 대한 생각과 문학적 취향, 사상, 친

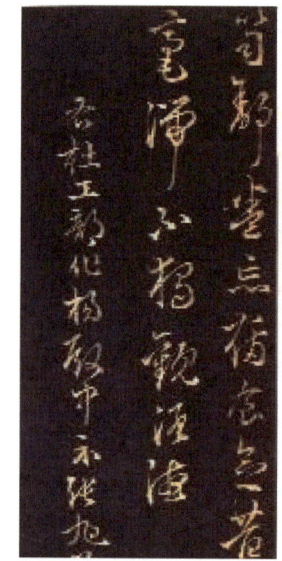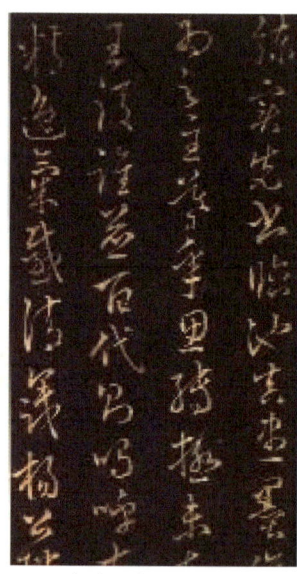

⬆ 한석봉이 쓴 두보(712~70)의 시. 두보는 중국 당나라 때의 시인인데, 중국 역사상 최고의 시인으로 평가된다.

구 관계 등이 자세히 나와 있다.

생각이 쑤욱

1. 다음은 석봉체에 대한 한석봉의 글입니다. 이 글로 미루어 알 수 있는 한석봉의 성격은?

> "오늘 한 글자를 쓰고 내일 열 글자 배우며 달마다 연습해 해마다 성과가 나타났다."

2. 명필가로 이름난 한석봉의 뒤에는 훌륭한 어머니가 계셨어요. 어머니가 계시지 않았다면 어떻게 되었을까요? 한석봉의 성품으로 미루어 짐작해보세요.

3. 글씨를 못 써 고민인 나에게 한석봉이 쪽지를 보내왔어요. 쪽지에 담겼을 내용을 생각해 두 문장으로 정리해요.

머리에 쏘~옥

한석봉 인물 메달

한국조폐공사는 한국의 경제, 사회, 과학, 역사, 정치, 문화 등을 대표하는 인물 100인을 대상으로 한 '한국의 인물 시리즈 메달'을 내놨습니다.

2009년 6월에는 글씨체로 명성을 떨친 조선 최고의 서예가 '석봉 한호'를 선정했답니다.

↑ 한석봉 인물 메달.

석봉필론

'석봉서'에 들어 있는 '석봉필론'(사진)은 한석봉이 조선 서예의 흐름을 기록한 자필 논문입니다.

이 글에는 '떡장수 어머니'의 이야기를 떠올리게 하는 자신의 서예 수련 과정도 고백하고 있어 눈길을 끕니다.

전설로 내려온 '한석봉과 떡장수 어머니'의 이야기가 지어낸 것이 아님을 보여줍니다.

 다음은 한석봉이 홀로 계신 어머니가 걱정되어 공부를 마치지 않고 돌아오자 있었던 일화입니다. 내가 한석봉이라면 어머니의 내기 제안에 어떻게 했을까요?

> "불을 끄거라."
> "네가 공부를 마치고 돌아왔다니 나와 시합을 하자꾸나."
> "너는 글을 쓰도록 해라. 나는 떡을 썰 것이니라."
> 한참 뒤 불을 켜보니 어머니가 썬 떡은 고른데, 석봉의 글씨는 삐뚤빼뚤 볼품이 없었다.
> "당장 이 길로 돌아가서 공부를 마칠 때까지 돌아오지 말거라."

 한석봉의 뜻과 정신을 널리 알리기 위해 친근한 캐릭터를 만들려고 합니다. 한석봉 캐릭터를 그려봐요.

 한석봉의 꿈은 조선 제일의 명필이 되는 것이었어요. 한석봉이 꿈을 이루기 위해 노력한 일을 교훈 삼아 자신의 꿈은 무엇이며, 그 꿈을 이루기 위해 어떤 노력을 어떻게 기울여야 할지 400자로 밝히세요.

인물사 6

고려를 세운 태조 왕건

2009년 12월 강화도에서 고려(918~1392년 한반도를 통치한 나라) 궁궐을 둘러 싼 성벽인 궁성 유적이 처음으로 모습을 드러냈어요. 고려가 몽고 침략에 대비하기 위해 강화도로 수도를 옮긴 뒤 쌓은 궁성입니다.

고려의 수도인 황도(개경을 고쳐 부른 이름)를 방어하기 위해 1250년 당시 집권자 최항(1409~74)이 앞장서 쌓은 강화 중성(수도를 둘러싼 성벽) 유적으로 확인됐어요.

조사단은 이번 발굴로 강화도성의 원래 모습을 찾는 실마리가 잡혔다는 말을 하고 있어요.

고려는 태조 왕건(재위 918~43)이 혼란스러운 후삼국 시대를 통일하고 세운 나라입니다. 후삼국 시대는 후고구려, 후백제, 신라가 서로 치열하게 경쟁하며 힘을 겨루던 때를 말합니다. 당시는 전쟁이 계속되어 백성의 생활이 고통스러웠습니다.

왕건은 뛰어난 지혜와 리더십을 발휘해 어지러운 시대를 통일하고, 우리 민족을 하나로 뭉치게 했습니다. 왕건이 어떻게 통일의 큰 업적을 이뤘는지 살펴보며 남북한 통일의 지혜를 배워요.

⬆ 강화군 강화읍 옥림리에 있는 강화 도읍기(1232~70) 고려 궁성 유적의 모습(위 사진)과 이곳에서 발견된 각종 청자 등 유물.

관련 교과
3학년 2학기 도덕 5단원
우리의 소원
4학년 2학기 도덕 5단원
우리나라 우리 조국
4학년 2학기 사회 1단원
문화재와 박물관

기울어지는 신라, 후백제와 후고구려 등장

신라는 진성여왕(신라 제51대왕, 재위 887~97) 때 이르러 지배층의 부패와 사치가 극에 달해 농민은 무거운 세금에 시달려야 했다. 또 귀족들이 왕위를 빼앗기 위해 싸움을 자주 벌여 나라는 큰 혼란에 빠졌다.

마침내 전국 곳곳에서 농민들이 난을 일으켰고, 그 기회를 이용해 지방의 호족(한 지방을 다스릴 만큼 세력이 커진 사람들)은 각자 자신의 세력을 키워나갔다. 그 가운데 후백제와 후고구려가 강력한 조직과 군사를 갖춘 국가로 성장했다. 견훤(재위 900~35)은 옛 백제 땅을 차지하고 900년에 후백제를 세웠고, 궁예(재위 901~18)는 옛 고구려의 남부 지역을 차지하고 901년에 후고구려를 세웠다.

왕건은 고려 제1대 왕으로 송악(개성)에서 태어났다. 아버지는 금성태수 용이며, 어머니는 한 씨다. 왕건은 어릴 적부터 총명함과 슬기로움이 남달랐다.

그는 스무 살 되던 해 궁예의 밑으로 들어가 후고구려의 장수가 됐다. 왕건은 궁예의 부하가 되어 금성(나주)에서 견훤의 군사를 무찌르는 등 큰 공을 세웠다. 특히 왕건이 점령한 금성은 군사적으로 중요한 지역이었다. 왕건은 수군을 이끌고 바닷길로 나아가 금성을 공격해 후백제

⬆ 만월대(개성시 송악산 남쪽 기슭에 있는 고려 시대의 왕궁지)에 전시된 고려 태조 왕건의 영정.

⬆ 경기도 연천군 미산면에 있는 숭의전. 고려 태조 이하 혜종, 정동, 광종, 경종, 성종, 목종, 현종의 위패(죽은 사람의 이름과 죽은 날짜를 적은 나무패)를 모신 사당이다.

의 한복판에 후고구려의 땅을 만들었다. 궁예는 왕건을 굳게 믿었고, 백성들도 왕건을 따랐다.

후삼국을 통일하고 고려를 세우다

후고구려를 세운 궁예는 세력이 강해지며 난폭하게 변해 나라를 어지럽혔다. 이에 왕건은 918년 궁예를 내쫓았다. 그런 뒤 왕위에 올랐다.

왕위에 오른 왕건은 고구려를 이었다는 뜻에서 나라 이름을 고려라고 정했다. 그리고 이듬해 수도를 자신의 고향이자 세력의 근거지인 송악(개성)으로 옮겼다.

왕건은 왕위에 오르자마자 어지러웠던 토지 제도를 바로잡고, 무거운 세금을 낮추는 등 백성의 생활을 안정시키기 위해 노력했다. 또 고려에 반대하는 지방 호족을 자기편으로 만들기 위해 호족들의 딸과 결혼했다. 지방 호족과 그 자식들을 우대하는 정책도 폈다.

왕건은 궁예와 달리 신라와는 친하게 지내고 후백제와는 무력으로 맞섰다. 또 고구려의 옛 땅을 되찾기 위해 서북쪽 지방의 여진족을 공격하는 등 북진 정책을 폈다.

발해 유민을 따뜻하게 맞았고, 935년 후백제에서 쫓겨난 견훤을 받아들였다. 같은 해 항복한 신라와 평화적으로 합치고, 936년에 후백제와 싸워 후삼국을 통일했다. 불교를 국교로 삼아 전국 곳곳

↑ 후삼국 시대의 지도.

↑ 왕건이 936년 후백제를 무찌르고 후삼국을 통일한 것을 기념해 충남 논산군 연산면 천호산에 지은 개태사 대웅전.

에 절을 세우고 나라를 튼튼히 하는 일에 힘썼다.

훈요십조 통해 나라 다스리는 법 가르쳐

왕건은 자신이 죽은 뒤에도 후손이 바른 정치를 하길 바랐다. 그래서 943년 그의 자손들에게 나라를 다스리는 방법 10가지를 담은 '훈요십조'를 남겼다. 훈요십조에는 불교를 숭상하고 백성을 진심으로 아끼며 나라를 걱정하는 왕건의 마음이 잘 나타나 있다.

왕건은 아끼던 신하인 박술희(?~945)에게 훈요십조를 전해주었다고 전한다.

훈요십조에는 다음과 같은 내용이 들어 있다.

"불교를 진흥시키고, 맏아들이 왕위를 계승하도록 하라. 상벌을 분명히 하고 서경을 중시하라. 연등회와 팔관회(신라 때 시작되어 고려 시대에 국가의 행사로 자리잡은 불교 행사)를 성실히 지키고 차령산맥 이남과 공주강(금강) 바깥쪽 출신의 사람은 벼슬을 주지 마라. 거란의 제도나 문물을 따르지 말고 경전과 역사책을 널리 읽어 교훈으로 삼아라."

훈요십조는 태조 왕건의 사상과 정책을 살피는 데 필요한 귀중한 자료다. 또 왕건이 그의 자손에게만 전하기로 되어 있었던 것인데, 이것이 개인들이 쓴 책에 실린 뒤로 널리 알려지게 됐다. 훈요십조의 내용이 나중에 꾸며졌다는 주장도 있지만, 왕건 스스로 썼다는 말이 맞다고 한다.

⬆ 고려 태조 왕건이 묻힌 현릉. 개성시 개풍군 해선리에 있다.

생각이 쑤욱

1. 왕건이 후삼국을 통일할 수 있었던 중요한 이유를 아는 대로 들어보세요.

2. 왕건의 부인은 29명이나 되는데, 그 이유는 무엇일까요?

3. 후삼국은 후고구려, 후백제, 신라가 치열하게 경쟁하며 힘을 겨루던 시대였어요. 그 시대의 백성 입장에서 하고 싶을 말을 말풍선에 채워요.

4. 왕건은 후백제와는 다르게 신라와 친하게 지내는 정책을 폈어요. 고려가 신라에게 무력으로 강력하게 맞섰다면 어떤 일이 일어났을까요?

머리에 쏘~옥

왕건과 장화왕후의 전설이 깃든 완사천

전남 나주 송월동에 있는 샘인 완사천(사진)은 나주 호족인 다련군 오 씨의 딸 장화가 나주로 싸우러 나간 왕건 대장군을 만난 곳입니다.

장화가 이 샘물을 왕건에게 건네며 체하지 않게 천천히 마시라고 수양버들을 띄워 주었답니다. 왕건이 장화의 지혜에 감동해 결혼했다는 전설이 전해옵니다.

연등회와 팔관회

⬆ 불기 2548년(2009년) 부처님 오신 날을 맞아 서울 조계사에 설치한 연등.

연등회는 팔관회와 더불어 신라 때 시작되어 고려 시대에 국가 행사로 자리잡은 불교 법회입니다. 이날 대궐에 많은 등을 밝히고 술과 다과를 마련했습니다. 그리고 음악과 춤, 연극을 베풀어 임금과 신하가 함께 즐기며 국가와 왕실의 안정과 평화를 빌었답니다.

5 왕건은 죽기 한 달 전에 자손들이 나라를 잘 다스릴 있도록 훈요십조를 남겼어요. 여러분도 생을 마칠 때 자손들에게 어떤 가르침을 남길지 10가지를 들어보세요.

6 남북한은 세계에서 유일한 분단 국가입니다. 후삼국을 통일한 왕건을 예로 들어 우리나라의 통일 방향을 밝혀보세요(400~500자).

인물사 7

우리나라 독립 위해 목숨 바친 유관순

🔺 해마다 2월 말일 아우내 장터에서는 유관순 열사의 업적과 정신을 널리 알리고 계승하기 위해 3·1절 기념 봉화제가 열린다.

1919년 3월 1일은 3·1운동이 일어난 날입니다. 유관순(1902~20)은 3·1운동의 상징입니다. 유관순은 일본의 총칼 앞에서도 굴하지 않고 독립 만세를 힘차게 외쳤습니다. 열아홉의 나이로 삶을 마치는 순간까지 만세 운동에 앞장섰습니다. 그는 일본 경찰에 체포되어 서울 서대문 형무소에서 감옥살이를 하다가 모진 고문을 당해 죽었습니다.

유관순이 살았던 시대는 우리나라가 일본에게 나라를 빼앗겨 억압받고 괴롭힘을 당하던 때입니다. 어린 유관순은 나라 잃은 아픔을 똑똑히 보고 자랐습니다.

유관순이 죽음을 두려워하지 않고 일본과 당당하게 맞서 싸울 수 있었던 것은 나라를 사랑하는 마음이 있었기 때문입니다.

나라의 소중함을 일깨우는 유관순의 애국 정신을 통해 배워야 할 점을 공부해요. 또 3·1운동 정신이 오늘날 어떤 교훈을 주는지 공부해요.

독립 위해 일본에게 당당하게 맞서다

유관순은 1902년 충남 천안군 지령리(지금의 병천면)에서 아버지 유중권과 어머니 이소제의 5남매 가운데 둘째 딸로 태어났다. 배워야 힘을 얻을 수 있다고 생각했던 유관순의 아버지는 학교를 세우고 새로운 학문을 가르쳤다.

유관순은 어린 시절부터 성격이 바르고 부지런했으며 의지가 강했다. 그래서 옳다고 생각하는 일에는 굽힐 줄 모르는 신념을 보였다

1915년 선교사인 샤프 여사의 권유로 이화학당 보통과에 들어갔다. 보통과를 졸업하고 1918년 이화학당 고등과에 입학했다. 그는 공부도 열심히 했을 뿐만 아니라 남들이 하기 싫어하는 궂은일을 도맡아 자기가 먼저 했다. 어려운 친구를 남 몰래 돕기도 했으며, 방학이면 고향으로 가 마을 사람들에게 글도 열심히 가르쳤다.

1919년 1월 21일 고종(재위 1863~1907)이 일본에 의해 독살당했다는 소문이 돌았다. 백성은 분노했고 일본을 몹시 증오하게 되었다.

2월 8일 일본 유학생들이 독립을 선언했으며, 3월 1일 서울에서 만세 운동이 일어났다. 3·1운동이 거세게 일어나자 유관순은 탑골공원까지 나가 만세를 부르고 돌아왔다. 그 후 모든 학교에 임시 휴교령이 내려지자 유관순은 고향으로 내려왔다.

↑ 유관순의 모습.

↑ 유관순이 다니던 이화학당의 수업 모습.

아우내 장터에 울려 퍼진 "대한 독립 만세!"

고향으로 돌아온 유관순은 서울과 다른 평온한 모습에 가슴이 답답했다. 그는 마을 사람들에게 독립 만세 운동을 벌이자고 설득했다. 어린 그의 간절한 설득에 고향 어른들의 마음이 움직였다. 앞으로 해야 할 계획을 세우고 할 일을 나누었다. 다른 마을에 연락하는 일은 유관순이 맡았다. 유관순은 일본의 감시를 피하기 위해 아주머니들처럼 머리에 수건을 쓰고 시골 마을 구석구석까지 두루 돌아다니며 독립 만세 운동에 함께 참여하자고 설득했다.

마침내 마을의 매봉을 중심으로 횃불이 치솟았고, 다음날 아우내 장터에 사람들이 모여들기 시작했다.

유관순이 직접 만든 태극기를 나눠주며 "대한 독립 만세!"를 외치자 사람들도 함께 만세를 외쳤다. 아우내 장터는 만세 소리로 들썩였고, 출동한 일본 헌병들은 닥치는 대로 총칼을 휘둘렀다. 유관순의 부모를 포함해 19명이 죽고 그는 체포되었다.

유관순은 서울 서대문형무소에 갇혀서도 "독립 만세!"를 외치고 동료를 격려하다 고문을 당했으나 굽히지 않았다. 하지만 계속되는 고문으로 상처가 악화돼 이듬해 9월 28일 19세의 나이로 서대문형무소에서 숨을 거뒀다.

⬆ 충남 천안시 동남구 병천면 탑원리 매봉산 정상의 유관순 열사 봉화지.

⬆ 충남 천안시 병천면 탑원리 유관순 열사 생가.

중국 5·4운동과 인도 독립 운동에 영향 끼쳐

유관순의 일생을 탄생부터 나라를 위해 죽을 때까지 차례로 그린 '창극 열사 류관순'의 한 장면.

 1918년 1월 미국 대통령 윌슨은 "각 민족의 운명은 그 민족 스스로 결정한다."고 하는 민족 자결 주의 원칙을 발표했다. 이 새로운 원칙은 일본에 저항해 싸우던 독립 운동가들에게 용기를 불어 넣었다.

 1918년 말 만주에서 독립 운동가들이 우리의 독립을 주장했고, 일본에서 유학하던 학생들을 중심으로 '2·8독립선언'이 있었다. 이러한 영향을 받은 3·1운동은 많은 사람들의 호응을 얻었다. 게다가 당시 고종의 독살설로 인해 일본의 부당한 식민 지배와 폭력으로 다스리는 데 반대하는 여론이 들끓고 있었다. 3·1운동의 출발은 순수한 평화적 시위였으나 일본이 무력으로 집압하며 폭력화되었다.

 독립선언서는 최남선이 초안을 썼고, 민족 대표 33인이 서명했다. 만세 운동은 서울에서 시작되어 전국으로 퍼졌으며, 일본과 중국의 연해주 등 해외에서도 벌어져 1년 넘게 지속되었다.

 3·1운동은 우리 민족의 강력한 독립 의지를 세계에 알리는 데 기여했다. 3·1 독립 정신은 상해 임시 정부 수립으로 이어졌고, 일본에게 더 이상 강압적으로 다스리기는 어렵다는 사실을 알렸다. 또 중국의 5·4운동(중국 근대화를 앞당긴 혁명 운동)과 인도의 독립 운동에 영향을 끼쳤다.

생각이 쑤욱

1. 일제 강점기에 우리 민족이 겪은 어려움이 무엇일지 아는 대로 들어보세요.

2. 일본은 3·1운동을 무력으로 탄압해 많은 희생을 낳았어요. 3·1운동이 지닌 가치를 세 가지만 들어봐요.

3. 고향에 내려온 유관순은 평온한 마을 모습에 실망했어요. 그래서 그는 마을 사람들을 설득해 독립 만세 운동에 참여하게 합니다. 어린 유관순이 어른들을 어떻게 설득했을까요? 말풍선에 채워요.

머리에 쏘~옥

유관순 타임캡슐

유관순 열사 탄생 100주년을 기념해 유관순열사기념관의 태극광장 지하에 묻었습니다. 개봉일은 100년 후 2102년 4월 1일입니다.

타임캡슐에는 유관순 열사의 호적등본과 유관순 영정, 기념 우표 등의 관련 자료와 73점의 역사 자료가 들어있답니다. 타임캡슐을 묻고 그 자리에 만세 운동을 상징하는 조형물(사진)을 세웠습니다.

서대문형무소역사관

우리 선열의 자주 독립 정신을 배울 수 있는 역사 교육의 장으로 삼기 위해 서대문형무소 자리에 1998년 11월 개관했어요.

3·1운동 직후 유관순 열사가 갇혀 숨을 거둔 지하 옥사와 감시탑, 고문실, 사형장, 옥사 7개동, 역사전시관 등으로 구성되어 있답니다.

⬆ 서대문형무소역사관 옥사.

 아래 제시한 내용에서 유관순이 한 말과 행동을 통해 알 수 있는 그의 성격을 짐작해보세요.

"이렇게 만든 녀석을 당장 데려오너라!"
"이번 일은 관복이가 잘못한 거예요. 관복이가 먼저 그 애에게 욕을 하고 덤볐대요. 그런데 그 아이를 무슨 까닭으로 야단치시려고요. 어른이나 어린 애나 잘못한 일은 확실히 가려야 해요."

 다음은 만세 운동으로 재판을 받을 때의 일입니다. 글을 읽고 나라면 어떻게 했을지 설명하세요.

"유관순, 네가 아직 어려서 그런 일을 했으나 이제 풀어주면 다시는 만세를 부르지 않겠다고 약속해라. 그러면 용서하겠다."
"내가 내 나라를 찾기 위해 만세를 불렀는데 그것이 무슨 죄란 말이냐? 내가 왜 남의 나라를 빼앗은 너희 같은 도둑놈들에게 재판을 받아야 하는 것이냐?"
유관순은 자리에서 벌떡 일어나 재판장에게 앉아 있던 의자를 집어던졌습니다. 재판정은 난장판으로 변했고, 그는 징역형을 받았습니다.

 일제 강점기에는 유관순처럼 목숨까지 바치며 나라를 사랑한 분들이 많았어요. 여러분이 지금 나라를 사랑할 수 있는 방법을 생각해 구체적으로 밝혀보세요(400~500자).

인물사 8

목화씨 들여와 백성에게 따뜻한 옷 입힌 문익점

△ 문익점(왼쪽 사진)과 목화밭 모습.

세계 여러 나라는 지금 생물자원의 중요성을 깨닫고 새로운 유전자원(생물이 가진 유전 정보)을 확보하기 위해 한창 종자 전쟁을 벌이고 있습니다. 신약이나 천연섬유, 신소재 개발도 유전자원 없이는 어렵기 때문입니다.

종자 전쟁은 고려 시대에도 있었습니다. 당시 중국 원나라에서 목화씨를 들여온 문익점(1329~98)이 바로 그 주인공입니다.

문익점은 고려 시대의 학자이자 문신입니다. 그는 사신으로 원나라에 갔다 목화씨를 몰래 가져와 재배에 성공함으로써 백성의 의생활을 크게 바꿨습니다.

그가 들여온 목화씨 덕분에 겨울에도 베옷으로 추위를 견뎌야 했던 우리 백성은 따뜻하게 지낼 수 있었습니다.

문익점이 목화씨를 들여와 재배에 성공하기까지의 과정을 공부하고, 오늘날 우리가 본받아야 할 점을 생각합니다.

관련 교과
3학년 2학기 도덕 4단원
나라 사랑의 길
3학년 2학기 국어 4단원
인물과 하나 되어
4학년 1학기 도덕 5단원
자랑스러운 우리나라

어릴 적부터 총명하고 맡은 일 다해

문익점은 1329년 진주 강성현(지금의 경남 산청군 단성면 배양리)에서 태어났다. 어릴 적부터 총명하고 성품이 온화했다.

당시 대학자인 이곡(1298~1351)의 밑에서 그의 아들과 함께 공부했다.

1360년 과거에 합격했다. 오늘날 김해군 부군수에 해당하는 벼슬과 유교 교육을 담당하는 성균관의 벼슬을 거쳤다. 그 뒤 왕이나 정부의 일에 대해 잘잘못을 따져 말하는 사간원의 좌정언에 올랐다. 좌정언은 목숨을 돌보지 않는 강직함과 용기가 필요했다. 문익점은 맡은 바 직분을 다 한다는 칭찬을 들었다.

그는 고려 제31대 왕인 공민왕(재위 1351~74) 12년에 중국 원나라에 사신으로 갔다. 공민왕은 그때 원나라의 간섭을 물리친 채 신하들이 원나라의 힘을 등에 업고 횡포를 일삼지 못하게 하는 등 잘못된 정사를 바로잡기 위해 노력했다. 이로 인해 고려는 원나라의 미움을 사 관계가 악화되었다. 심지어 공민왕을 왕위에서 몰아내려는 움직임도 일어났다.

사신으로 간 문익점은 공민왕을 몰아내려는 음모가 잘못임을 밝히다 원나라 황제의 노여움을 사 중국의 남쪽 땅으로 귀양

🔼 경남 산청군 단성면에 있는 문익점 효자비각(위 사진)과 산청근 신안면에 있는 그의 묘(아래 사진).

가게 되었다. 그곳에서 그는 목화 꽃을 발견했다. 목화솜으로 따뜻한 옷을 지어 입은 사람들을 보며 춥게 사는 고려의 백성을 떠올렸다.

붓대 속에 목화씨 숨겨 들어와

문익점은 원나라에서 돌아올 때 붓대 속에 목화씨를 숨겨 들여왔다.

그는 고향인 경남 산청으로 내려가 장인(아내의 아버지)과 함께 목화씨를 심었다. 하지만 처음에는 겨우 한 그루만 살릴 수 있었다. 다음해 그 목화솜에서 얻은 씨앗을 밭에 심어 어느 정도 성공했다. 3년째 되는 해에는 목화씨를 마을 사람들에게 나눠줬다. 이렇게 이웃 마을까지 목화 재배가 늘다가 마침내 전국으로 퍼지게 되었다.

문익점과 그의 장인은 목화솜에서 씨를 빼고 옷감을 짜는 방법을 고민하다가 원나라의 스님 홍원(?~?)을 만났다. 홍원 스님에게 솜에서 씨를 빼는 씨아와 실을 뽑는 물레를 만드는 방법을 배워 무명옷을 짓는 데 성공했다. 문익점은 목화 재배법과 옷감 만드는 방법을 백성에게 전파했다.

그는 목면을 보급한 공로로 벼슬길에 올랐다. 하지만 이성계(조선의 제1대 왕, 재위 1392~98) 등이 추진하던 전제(논밭에 관한 소유와 세금 제도) 개혁을 반대하다 관직에서 물러났다. 문익점은 고려가 망하고 조선이 건국되었을 때도 벼슬길에 다시 나가지 않았다.

문익점이 죽은 뒤 조선 제3대 왕 태종

⬆ 목면시배유지의 모습. 문익점이 원나라에서 몰래 들여온 목화씨를 이곳에서 처음 재배해 백성에게 보급했다.

⬆ 솜에서 실을 뽑는 물레(위 사진)와 솜에서 씨를 빼는 씨아(아래 사진).

(재위 1400~18)은 그의 공을 높이 사 후손에게 벼슬을 내리고, 도천서원(문익점의 공적을 기리기 위해 경남 산청에 지은 사당)을 세웠다. 세종(재위 1418~50)은 그에게 영의정을, 세조(재위 1455~68)는 백성의 살림을 넉넉하게 한 공을 인정해 '부민후'라는 칭호를 내렸다.

목화씨 한 톨이 나라의 의생활을 바꾸다

🔼 조선 시대의 유명한 화가 김홍도(1745~?)의 '길쌈'. 그림 위쪽에는 여인이 쪼그리고 앉아 목화실에 열심히 풀을 바르고 있다. 실이 엉키지 않게 풀을 먹인 뒤 숯불로 말린다. 〈국립중앙박물관 소장〉

 문익점이 목화를 들여온 뒤 백성들은 목화를 심고 목화실로 짠 옷을 입기 시작했다.

 당시 고려에서 사용하던 옷감은 삼베와 모시, 비단 등이었다. 비단과 모시는 값이 비싸 부자들만 옷을 지어 입을 수 있었고, 백성은 갈포(칡의 섬유로 짠 베)나 삼베로 옷을 만들어 입었다. 하지만 삼베옷은 아주 얇아 겨울만 되면 추위에 떨어야 했다.

 목화가 널리 전파되며 가난한 백성도 무명옷을 지어 입게 되었다. 추운 겨울에도 견딜 수 있는 옷과 솜이불은 가난한 백성의 생활 문화에 혁명을 일으켰다. 또 갑옷을 포함해 군사용 천막과 각종 깃발, 초나 화약의 심지에도 쓰였다. 게다가 목화솜은 피를 멎게 하거나 상처를 치료할 때도 사용했고, 끈이나 그물을 만드는 등 생활용품에도 두루 쓰였다.

 조선 시대에는 물물교환의 화폐로도 이용되었고, 일본에 수출하는 주요 수출품의 하나가 되었다.

 조선 시대 대학자인 퇴계 이황(1501~70)은 문익점이 목화를 들여와 나라의 의생활에 혁명적인 변화를 가져왔다고 밝혔다.

생각이 쑤욱

1 문익점이 처음에 겨우 한 그루의 목화만 살리게 되었던 까닭은 무엇일까요?

2 문익점이 가져온 목화씨가 당시 고려의 백성에게 미친 영향을 세 가지 이상 들어요.

3 문익점은 목화씨를 붓대 속에 숨겨 들여왔습니다. 나라면 어떻게 목화씨를 들여왔을까요?

머리에 쏘~옥

목화

목화는 면화 또는 초면이라고도 합니다. 열대 지방 원산이 많지만 온대 지방에서도 널리 재배하고 있습니다. 보통 한해살이풀인데, 작은 관목 형태도 있습니다. 꽃은 백색 또는 황색이고, 열매(사진)는 달걀 모양입니다. 열매가 익으면 긴 솜털이 달린 종자가 나오는데, 털은 모아 솜을 만들고 종자로는 기름을 짭니다.

문익점면화전시관

문익점 선생이 면화를 처음 심었던 곳에 세워진 기념 전시관(사진)입니다. 경상남도 산청군 단성면 사월리에 있으며, 1997년 6월 10일 문을 열었습니다. 전시관에는 목화의 역사와 무명옷을 짜는 과정, 당시의 생활 풍습 등을 전시하고 있습니다. 1전시관에는 무명옷을 짜는 베틀과 기구들이, 2전시관에는 조선 시대 의류가 전시되었습니다.

 문익점이 목화씨를 들여와 재배에 성공하기까지의 과정을 네 컷 만화로 그려요.
※만화로 그릴 내용을 정하고 장면을 나눈 뒤 칸을 그립니다. 그리고 장면 수대로 그림을 완성하고 말주머니를 채웁니다. 말주머니에 넣는 말은 압축해야 하고 **재미와 재치가 넘쳐야** 합니다.

 문익점이 목화씨를 들여오다 들켜 빼앗겼다면 당시 고려의 옷 문화는 어떻게 되었을지 1분 동안 설명하세요.

 문익점은 원나라에서 목화씨를 가져와 재배에 성공한 뒤 목면이라는 옷감을 만들어 백성을 따뜻하게 입혔어요. 문익점이 목화 재배에 성공해 얻은 가치를 바탕으로 문익점에게 본받을 점이 무엇인지 논술해요(400~500자).

어린이들의 영원한 스승 방정환

↑ 어린이 운동가 방정환 선생의 모습.

5월 5일은 어린이날입니다. 해마다 어린이날에는 미래의 주인인 어린이들에게 꿈과 희망을 심어주기 위해 다양한 행사가 열립니다.

어린이날은 1923년 5월 1일 소파 방정환(1899~1931) 선생이 처음 만들었으며, 1946년부터 5월 5일로 날짜를 바꿔 기념 행사를 열고 있습니다.

방정환은 아동 문학가이자 어린이 문화 운동가입니다. 그는 자라나는 어린이들을 잘 키워야 일본에게 빼앗긴 나라를 되찾을 수 있고, 우리나라의 미래가 밝다는 생각으로 어린이 사랑을 실천했습니다. 어린이들을 '애놈', '애자식', '자식 놈'으로 낮춰 부르던 것을 '어린이'라는 말로 처음 바꿔 쓰기도 했습니다.

그는 나라 잃은 우리 어린이들에게 우리말 우리 글, 우리 얼이 담긴 이야기와 노래를 들려주었습니다. 그리고 용기를 북돋우고 희망을 심어주기 위해 노력했습니다.

방정환 선생이 어린이가 한 인격체로 존중받도록 하기 위해 애쓴 일들을 알아보고, 어린이들에게 베푼 사랑을 되돌아봐요.

관련 교과
3학년 2학기 도덕 4단원
나라 사랑의 길
3학년 2학기 국어 4단원
인물과 하나 되어
4학년 1학기 도덕 5단원
자랑스러운 우리나라

청소년 시절부터 어린이 운동

방정환은 1899년 서울 야주개(지금의 종로구 당주동)에서 어물과 쌀을 파는 가게를 하는 방정수의 장남으로 태어났다. 그는 가족의 사랑을 받으며 남부러울 것 없이 풍족하게 자랐다.

방정환이 아홉 살 되던 해 집안 형편이 갑자기 어려워졌다. 하지만 그는 열심히 공부했고 부지런히 일했다. 친구들과 '소년입지회'라는 모임을 만들어 동화 구연과 토론회 등 활동을 하기도 했다.

1910년 그의 나이 열두 살 되던 해 우리나라가 일본에게 나라를 빼앗기는 일이 생겼다. 1913년 초등학교를 졸업한 뒤 아버지의 뜻에 따라 고등학교에 입학했지만 집안 사정이 어려워 졸업하지 못했다.

1916년에는 조선총독부(일본이 우리나라를 지배하기 위해 설치했던 관청)에 취직했다. 하지만 일본이 그곳에서 우리 국민의 땅을 빼앗는 것을 목격하고 그만둔 뒤 천도교(동학) 기관에서 일하게 되었다.

1918년 천도교 제3대 손병희의 셋째 딸과 결혼했으며, 청년 문학 단체를 만들어 어린이 운동에 관심을 가졌다. 그리고 손병희 지도하던 보성전문학교(지금의 고려대)에 입학했다.

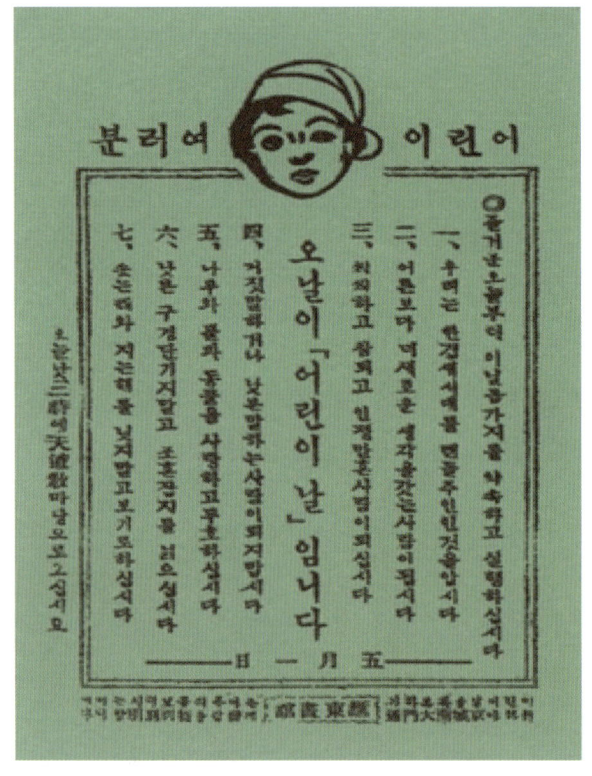
🔼 첫 어린이날 서울 곳곳에 뿌려진 전단. 어린이날의 취지, 소년 운동의 기초 조건, 어른에게 드리는 글, 어린이날의 약속, 어린 동무들에게 등 5가지 글이 적혀 있다.

1919년 3·1운동이 일어나자 등사판(인쇄기)으로 찍은 독립신문을 발행해 돌리다 일본 경찰에 체포되어 고문을 당했다. 그는 독립에 대한 열정만으로는 일본을 이길 수 없다는 사실을 깨달았다. 그래서 일본을 알기 위해 일본에 유학을 가 1920년 도요대(동양대)에서 철학과 아동예술을 공부했다.

어린이 인권 보호 위해 1922년 '어린이날' 만들어

🔼 왼쪽부터 세계아동예술전람회를 소개한 '어린이' 표지, 번역 동화집인 『사랑의 선물』, 잡지사인 개벽사 모습, 어린이날 노래의 가사와 악보.

1921년 방정환은 조국으로 돌아와 천도교 안에 정식으로 소년회를 조직했다. "씩씩하고 참된 소년이 됩시다. 그리고 늘 사랑하며 도와갑시다."라는 표어 아래 본격적으로 소년 운동을 펼쳤다.

1922년에는 5월 1일을 '어린이날'로 선포하고, 세계 명작 동화를 우리말로 옮겨 『사랑의 선물』을 펴냈다. 이 책은 훗날 어린이를 위한 창작 동화가 많이 쓰이는 계기가 되었다.

1923년 3월에는 순수 아동 잡지인 월간 '어린이'를 창간했다. 이 잡지는 어린이의 눈높이에 맞춘 편집으로 어린이들의 관심을 끌었다. 이어 어린이 문제를 연구하는 단체인 '색동회'도 조직했다. 색동회는 5월 1일을 어린이날로 정해 기념식을 가졌다. 색동회는 '어린이' 잡지를 계속 발간하고, 어린이 운동을 펼치는 주축이 되었다.

첫 어린이날 서울에는 어린이들의 행렬이 넘쳐났다. 이날 '어린이날의 약속'이라는 전단 12만 장을 뿌렸다. 방정환은 "어린이를 내려다보지 마시고 쳐다보십시오.", "어린이에게 가까이 하며 자주 이야기해 주십시오.", "어린이에게 존댓말을 쓰되, 늘 부드럽게 이야기해 주십시오." 등의 내용이 담긴 호소문으로 어른들의 가슴을 울렸다.

그 뒤 어린이날은 5월 첫째 일요일로 바뀌었다가 해방 이후 5월 5일로 정해 기념하게 되었다.

오직 어린이 위해 힘쓰다 33세에 숨져

🔼 서울 망우리 공동 묘지에 있는 방정환의 묘. 묘비에는 '어린이의 마음은 천사와 같다'는 뜻의 '동심여선'이라는 말이 쓰여 있다.

1928년 세계 20개국 어린이들이 참가하는 세계아동예술전람회를 개최했다. 주위의 걱정 속에서도 그는 어린이는 예술 속에서 균형 있게 자라야 한다고 생각했다. 그리고 우리 어린이들이 다른 나라 어린이가 어떤 생각을 하며 지내는지 알기 위해 전람회가 필요하다는 뜻을 굽히지 않았다.

사람들이 아동 문학을 잘 몰랐던 때 방정환은 '어린이'를 통해 아동 문학의 가치를 세상에 널리 알렸다. 그리고 어린이들의 정서를 풍부하게 하는 데 큰 역할을 했다. 당시 어른들은 어린이를 소유물로 여겨 인격을 무시하기 일쑤였다. 하지만 그는 '어린이'라는 말을 만들어 '늙은이', '젊은이'와 동등한 존재라는 의미를 담았다. 방정환의 이러한 노력 덕분에 오늘날 어린이를 어른의 소유물이 아니라 나라의 미래를 책임질 인재로서 사랑하고 보호해야 한다는 생각이 뿌리를 내릴 수 있었다.

방정환은 어린이에게 동화 들려주기 운동도 펼쳤다. 그는 동화 '아기별 삼형제'와 동요 '귀뚜라미' 등 아동 문학 창작과 외국 동화 번역에도 힘썼다. 하지만 어린이를 사랑하는 마음으로 열정을 다해 일하던 그는 과로로 갑자기 쓰러져 33세의 젊은 나이에 숨을 거뒀다. 1957년 그의 정신을 기리기 위해 그의 호를 딴 '소파상'이 만들어졌다.

『소파전집』,『칠칠단의 비밀』,『글벗집』,『소파아동문학전집』 등 저서를 남겼다.

생각이 쑤욱

머리에 쏘~옥

방정환이 필명이 많은 이유

방정환의 필명은 확인된 것만 해도 39개나 된다고 합니다. 방정환이 활동할 당시에는 새로운 기획에 맞는 글을 써줄 만한 필자가 많지 않았던 탓도 있지만, 원고료가 넉넉하지 않아 대부분의 글을 직접 써야만 했다고 합니다. 또 일본이 자신의 원고를 감시하는 것을 피하기 위한 수단이었다고 합니다.

1. 방정환 선생이 어린이를 잘 길러야 나라를 되찾을 수 있다고 생각한 까닭은 무엇일까요?

2. 다음은 방정환의 필명입니다. 방정환이 이렇게 여러 개의 필명을 쓴 이유는 무엇일까요?

잔물, 몽견초, 몽견인, 삼산인, 북극성, 쌍S, 서삼득, 목성, 은파리, 금파리, 길동무, 운정, 김파영, 파영, 잠수부, 깔깔박사, 자해생, CWP 등

3. 다음은 방정환이 세계아동예술전람회를 열며 사람들과 나누었던 대화입니다. 방정환의 성격과 어린이를 위한 그의 마음을 50자로 정리해요.

방정환의 말에 사람들은 머리를 흔들었습니다.
"그렇지만 이 일은 열정이나 의욕만 가지고 될 일이 아닙니다. 이 일을 성사시키려면 많은 돈이 필요합니다."
"나도 세계아동예술전람회를 여는 일이 쉬운 일이 아니라고 생각합니다. 그러나 쉽지 않은 일이라고 어린이에게 꼭 필요한 일을 포기할 수는 없습니다. 어떻게 해서든지 이 계획만은 추진해야 합니다."

4. 독립신문을 발행해 돌리는 일을 하던 방정환이 일본으로 유학을 간 이유와 관련된 속담을 떠올려요.

 방정환이 뿌린 '어린이날의 약속'에는 어린이에게 당부하는 말도 담겨 있어요. 어린이가 존중받기 위해 스스로 실천해야 할 일을 세 가지만 들어봐요.

◆ 돋는 해와 지는 해를 반드시 보기로 합시다.

◆ 어른들에게는 물론이고 여러분들까지도 서로 존대합시다.

◆ 꽃이나 풀을 꺾지 말고 동물을 사랑합시다.

◆ --

◆ --

◆ --

 방정환은 어린이를 위해 평생을 노력했어요. 하지만 방정환을 기릴 수 있는 기념관이 없다고 해요. 소파 방정환 기념관을 짓자고 정부에 제안하는 글을 써요(400~500자).

인물사 10

백성을 위해 헌신한 청백리 황희 정승

↑ 전북 진안군 안천면 백화리 화산서원에 있는 황희 정승의 영정.

조선 시대 제4대 왕 세종 (재위 1418~50) 때 영의정을 지낸 황희(1362~1450)는 손꼽히는 명재상이자 청백리(재물에 욕심이 없으며 곧고 깨끗한 관리)였습니다.

그는 오직 백성을 위해 봉사했고, 사사로이 재물을 탐내지 않았습니다. 그래서 왕의 신임이 두터웠으며 백성의 존경을 한몸에 받았습니다.

황희는 지금도 공직자의 모범으로 존경받고 있습니다. 청렴하고 헌신적인 공직자가 절실해지는 이때 황희의 삶과 업적을 살펴보고 본받을 점을 공부합니다.

몇 달 전 서울시의 교육을 책임지는 교육감이 부정부패 혐의로 자리에서 물러났습니다. 지방자치단체장이 부정부패로 물러난 일도 있습니다.

국제적인 부패 감시 시민단체인 국제투명성기구가 2009년 11월 17일 발표한 국가 부패 지수(국가별 부정부패를 평가해 점수를 매긴 것) 순위에서도 우리나라는 평가 대상 91개국 가운데 39위를 기록했습니다.

관련 교과
3학년 2학기 도덕 4단원
나라 사랑의 길
3학년 2학기 국어 4단원
인물과 하나 되어
4학년 1학기 도덕 5단원
자랑스러운 우리나라

고려의 충신, 백성 위해 조선의 벼슬길에 나서다

"황희는 성품이 너그럽고 신중하며, 재상으로서 세상을 보는 눈과 깊은 생각을 가졌다. 그는 검소했고, 기쁨과 노여움을 겉으로 드러내지 않았다. 일을 의논할 때는 공명정대하게 원칙을 살리기에 힘썼다."

황희에 대한 역사의 평가다.

황희는 고려 공민왕 때 개성에서 태어났다. 그는 20세에 과거에 합격해 성균관 학관(지금의 국립대학 교수)으로 관직을 시작했다. 벼슬길에 오른 지 2년 뒤인 1392년 고려가 망하고 이성계(재위 1392~98)가 조선을 건국했다. 당시 30세의 황희는 고려에 대한 충절을 지키기 위해 벼슬을 버리고 다른 충신들과 함께 두문동(지금의 경기도 개풍군 광덕산 서쪽)에 들어가 숨어 지냈다.

이성계는 새 나라의 기틀을 다지는 데 필요한 인재를 구하기 위해 두문동을 찾았다. 두문동에 들어간 고려의 신하들 가운데 한 사람이 새로운 나라를 걱정하며 다음과 같이 말했다.

"떳떳하게 사는 것도 좋지만 가엾은 백성을 생각해야 할 것이 아니겠소? 우리들 가운데 젊고 뛰어난 사람을 내보내 백성을 보살피는 것이 어떻겠소?"

⬆ 강원도 삼척시 원덕읍 소공대비. 강원도 관찰사(도지사)를 지낸 황희를 기리기 위해 세웠다.

황희는 이성계의 간곡한 부탁과 동료들의 추천으로 다시 관직에 나갔다. 그는 청렴한 성품과 탁월한 능력을 인정받아 4대에 걸쳐 왕들의 신임을 받았다. 세종 때는 영의정에 올라 18년간 재임하며 백성을 헌신적으로 돌봤다. 황희는 오랫동안 높은 벼슬을 했지만 평생 관복은 한 벌뿐이었고, 집은 비가 샐 정도였다.

시문에도 뛰어나 시조 작품도 전해지며, 저서로는 『방촌집』이 있다.

백성의 마음을 헤아리는 정치에 힘쓰다

⬆ 경기도 파주시 문산읍 사목리에 있는 황희 선생 영당. 황희의 업적을 기리기 위해 후손들이 영정을 모시고 제사를 지내는 곳이다. 황희의 호를 따라 '방촌영당'이라고도 한다.

황희는 오랜 관직 생활을 거치며 조선 초기의 국가 기틀을 세우기 위해 노력했다. 개국 초 만들어진 국가의 법전인 '경제육전'에서 현실적으로 불합리하거나 중복되고 빠진 부분을 보완하는 등 백성을 위해 법을 제대로 갖추는 데도 힘썼다.

농사를 짓는 방법과 곡식 종자를 개량하는 데도 앞장섰다. 백성들이 겨울에 옷을 따뜻하게 지어 입을 수 있게 지방에 뽕나무를 많이 심도록 권장하기도 했다.

건국 초기의 어지러운 정세를 틈타 북쪽의 여진족이 자주 침범하자 세종 때 압록강 하류에 4군을, 두만강 하류에 6진을 개척해 국방을 튼튼히 했다. 또 집현전(궁중에 설치한 학문 연구 기관)을 중심으로 외교를 강화하고 문물을 발전시켰다.

원나라의 풍습이 많이 남아 있던 고려의 예법을 조선의 현실에 맞게 고쳤다. 특히 종의 자식은 종이 될 수 밖에 없는 법을 고쳤으며, 신분 차별을 두지 않고 능력 중심으로 인재를 뽑을 수 있게 했다. 노비 출신 발명가 장영실이 그 인재 가운데 하나다.

백성을 지혜로 보듬은 '영원한 재상'

⬆ 경기도 문산읍 사목리에 있는 반구정. 황희가 1449년(세종 31년) 87세에 영의정을 사임하고 관직에서 물러난 뒤 갈매기를 벗 삼아 여생을 보낸 곳이다.

'영원한 재상' 황희는 많은 이야기를 남겼다.

젊은 시절이던 고려 말기에 관직에 있을 때였다. 논길에서 만난 농부에게 "검은 소와 누런 소 중에서 어느 소가 일을 잘합니까?"라고 묻자 농부는 황희의 귀에 대고 "검은 소는 꾀를 부리지만 누런 소는 일을 잘하지요."라고 답했다. 황희는 "아니 하찮은 소에 관해 물었는데 웬 귀엣말까지 하시오."라고 되물었다. 그러자 농부는 "아무리 동물이라도 자신에게 나쁜 말을 하면 싫어하는 법."이라고 말했다. 크게 깨달은 황희는 그 뒤부터 어디를 가거나 말을 조심하게 되었다고 한다.

어느 날 세종은 신하들에게 "황희 정승은 개에게 먹일 것이 있다면 가난한 사람을 구해야 한다는 생각이어서 개도 키우지 않는다."는 말을 들었다. 세종은 직접 확인하기 위해 황희의 집을 방문했다. 세종이 황희의 안내로 안방에 들어가자 멍석이 깔려 있었다. 세종이 "비도 세겠군!"이라고 말했다. 이에 황희는 "비 오는 날엔 천장으로 낙숫물이 떨어지는 소리를 들으며 가난한 백성을 생각합니다. 누추한 것이 나쁜 것만은 아닙니다."라고 답했다.

하인 둘이 사소한 문제로 다투다 하나가 황희에게 하소연했다. 황희는 하인에게 "그래, 네 말이 옳다."고 했다. 이것을 본 다른 하인이 이의를 제기하자 "그래, 네 말이 옳다."고 했다. 그 모습을 지켜보던 조카가 "이쪽도 옳고 저쪽도 옳다고 하시면 어느 쪽이 틀렸다는 말씀입니까?"라고 물었다. 그러자 "그렇구나. 네 말도 옳다."며 읽던 책을 계속 읽었다.

생각이 쑤욱

1. '황희 정승네 치마 하나 가지고 세 어이딸(어머니와 딸)이 입듯'이란 속담이 있습니다. 황희가 어떤 관리였는지 이 속담으로 미루어 설명해보세요.

2. 우리 역사에서 황희와 같은 청백리를 두 사람만 들어보고 각각 어느 시대에 어떤 일을 했는지 설명하세요.

3. 다음은 황희가 어렸을 적 이야기입니다. 이 내용을 통해 황희는 어떤 심성을 가졌는지 말해봐요.

"도련님들 저하고 산에 가지 않을래요? 지난번에 산새 알이 있는 둥지를 보아 두었거든요."

호기심이 많은 친구들이 하인을 따라 나서자 황희가 하인 옆으로 살며시 다가가 말했다.

"산새 알 있는 곳을 나에게만 가르쳐 줘. 달걀 다섯 개와 바꾸자."

다음날부터 하인은 산새 알을 보러 가자고 했지만 황희는 자꾸만 핑계를 대면서 가지 않았다. 황희는 보름이 지난 뒤에야 산새 알을 보러 갔다. 하지만 둥지 안에는 알은 없고 껍데기만 들어 있었다.

"하하하! 아주 잘됐어. 산새 알은 모두 새가 되어 날아갔으니 말이야."

머리에 쏘~옥

소공대비

황희가 강원도 관찰사로 부임하던 해인 1423년 전국적으로 흉년이 심했어요. 백성이 곳곳에서 굶어죽자 황희는 정부가 보관했던 쌀을 풀고 자신의 재산을 털어 백성을 구제했어요.

특히 삼척에 흉년이 심했는데 황희 관찰사의 노력으로 이 지역에는 굶어죽는 사람이 한 명도 없었다고 해요. 이에 삼척 백성들은 관찰사가 다니며 쉬어 가던 산 중턱에 그의 공을 기리기 위해 돌로 탑을 쌓고 그 이름을 '소공대'라 했답니다. 역사상 가장 정치를 잘해 백성의 칭찬을 받았던 중국 주나라의 정치가 '소공'의 이름을 땄다고 합니다.

그 뒤 강원도 관찰사와 삼척부사가 지역 주민의 뜻을 받들어 그 곳에 소공대비를 세웠답니다.

선정비는 보통 많은 사람들이 잘 볼 수 있는 관아 앞에 세웠는데, 소공대비는 우리나라 어디에서도 찾아볼 수 없는 유일한 선정비가 된 것이지요.

 황희가 강원도 관찰사가 되어 갔을 때 심한 흉년이 들자 정부에서 재난에 대비해 보관했던 쌀을 풀고 자신의 재산까지 털어 백성을 구합니다. 백성들은 고마움을 표시하기 위해 선정비를 세우기로 했어요. 여러분이 그때 백성이라면 선정비에 어떤 내용을 담고 싶은가요?

 황희는 고려가 망하자 두 왕조를 섬길 수 없다며 두문동에 들어가 세상을 등지려고 합니다. 내가 황희였다면 어떤 결정을 내렸을지 설명하세요.

 황희는 뇌물을 받거나 일을 게을리하는 오늘날 공직자들에게 할 말이 많습니다. 그들에게 따끔한 충고를 곁들여 공직자로서 바른 길을 제시해보세요(400~500자).

⬆ 황희 정승 동상.

인물사 11

신라를 개혁하기 위해 애쓴 문장가 최치원

↑ 최치원

조기 유학이 2006년 이후 줄고는 있으나 아직도 많은 학생이 조기 유학을 떠나고 있습니다.

2010년 5월 2일 한국교육개발원이 발표한 '1995~2008 조기 유학생 수 변동' 자료에 따르면 2005년부터 2008년까지 연간 2만 명 이상을 유지하고 있습니다.

삼국 통일 이후 신라 사람들도 앞다퉈 당으로 유학을 떠났습니다. 837년 한 해 동안 유학생은 216명에 이를 정도로 유학 열풍이 불었습니다.

신라 말기의 뛰어난 학자이자 문장가인 최치원(857~?)도 12세의 어린 나이에 당으로 유학을 떠났습니다. 그는 18세에 빈공과(중국에서 외국인에게 실시한 과거)에 합격했고, 20대에 쓴 '토황소격문'으로 당에서 유명해졌습니다.

최치원은 신라에서는 신분이 낮아 오를 수 있는 관직에 한계가 있었습니다. 당시 사회는 혈통의 높고 낮음에 따라 신분을 구분하던 골품제가 철저하게 적용되었습니다. 신분에 따라 관직과 혼인, 의복, 사는 집 등 사회 생활 전반에 차별이 있었습니다.

최치원이 살던 시대의 특징과 당에 유학한 이유, 기울어가는 나라를 위해 그가 이루려 했던 개혁 정책을 탐구합니다.

관련 교과
3학년 2학기 도덕 4단원
나라 사랑의 길
3학년 2학기 국어 4단원
인물과 하나 되어
4학년 1학기 도덕 5단원
자랑스러운 우리나라

당나라에 조기 유학… 문장으로 이름 떨치다

"문장으로 어느 누가 중국을 움직였나, 치원이 처음으로 칭찬을 받았네.", "최치원은 천황(천지가 미개한 때의 혼돈한 모양)을 깨치는 큰 공이 있었으므로 우리나라 학자들이 모두 종장(글을 잘 짓는 사람)으로 삼았다." ….

최치원에 대한 역사의 평가다.

최치원은 "네 살 때 글을 배우기 시작해 열 살 때 사서삼경을 읽었다."는 기록이 전할 만큼 총명했다.

그러나 신라는 골품제 때문에 명문 귀족이 아니고서는 뜻을 펼 수 있는 높은 벼슬에 나갈 수 없었다. 따라서 최치원은 868년 열두 살의 나이에 혼자 몸으로 당에 유학을 떠났다.

그의 아버지는 유학을 떠나는 최치원에게 "10년 공부를 해 과거에 합격하지 못하면 나의 아들이라 하지 말라."고 말했다.

공부에 힘쓴 최치원은 열여덟 살 되던 해 당나라의 과거에 합격해 벼슬길에 나

⬆ 광주시 남구 양과동에 있는 지산재. 최치원의 위패를 모시기 위해 지은 사당이다.

갔다.

최치원이 당나라에서 관리로 일하던 시절 농민 반란인 '황소의 난'이 일어났다. 그는 반란을 일으킨 황소에게 보내는 '토황소격문'을 썼다.

"천하의 모든 사람이 너를 죽이고 싶어 할 뿐만 아니라 땅속의 귀신들도 너를 죽이고자 의논하였을 것이다."

황소는 이 격문을 읽다 놀란 나머지 의자에서 굴러 떨어졌다고 한다. 당시 중국인들 사이에 "황소를 물리친 것은 칼의 힘이 아니라 최치원의 글."이라는 찬사가 나왔을 정도였다.

 이런 뜻이에요

사서삼경 유교의 기본 경전. 사서는 대학·논어·맹자·중용을 말하며, 삼경은 시경·서경·주역을 이른다.

골품제 대신 과거제 주장했으나 반발에 막혀

⬆ 최치원이 홍수를 막기 위해 둑을 쌓고 만든 방수림인 경남 함양군 함양읍 대덕리 함양상림.

당나라에서 문장가로 이름을 떨친 최치원은 20대 후반에 개혁을 꿈꾸며 신라로 돌아왔다.

그 무렵 신라는 극심한 혼란에 휩싸여 나라 전체가 어지러웠다. 지방에서 호족이 등장해 중앙 정보를 위협하고, 세금을 제대로 거둬들이지 못해 나라의 형편이 어려웠다. 889년에는 농민 반란이 전국적으로 일어나 혼란이 심해졌다.

신라에 전면적인 개혁이 필요하다고 생각한 제49대 헌강왕(재위 875~86)은 최치원의 지식과 당나라에서 관리로 일한 경험이 필요했다. 최치원은 인재들이 신분의 벽에 막혀 뜻을 펴지 못하는 신라의 골품제와는 전혀 다른 과거제를 통해 사회를 개혁하려 했다. 그는 훌륭한 관리가 많이 나와야 개혁에 성공할 수 있다며 과거 제도를 실시해 능력이 있는 사람을 신분에 관계없이 관리로 뽑아야 한다고 주장했다.

하지만 함께 일할 관리들은 사치를 부리고 권력을 잡는 데만 힘을 쏟았다. 더구나 골품제 사회였던 신라에서 신분이 낮았던 최치원에 대한 기득권층의 견제는 심했다. 결국 뜻도 제대로 펴지 못하고 좌절한 채 천령군(지금의 함양) 태수로 부임했다.

개혁 정책 좌절되자 인재 양성에 힘써

⬆ 경북 경주시 인왕동에 있는 상서장. 최치원이 임금에게 글을 올리기 위해 준비하며 머물던 곳이다.

최치원은 혼란한 정치를 바로잡고 새로운 정치를 실현하기 위해 사회 전반의 문제점을 분석했다. 그리고 당장 필요한 개혁 정책을 10여 개 조항으로 만들어 제51대 진성여왕(재위 887~97)에게 올렸다.

개혁의 필요성을 절실히 느꼈던 진성여왕은 그의 제안을 받아들여 개혁 정책을 펼치려 했다.

그러나 권력을 쥐락펴락하던 중앙 귀족들이 거세게 반대해 개혁안은 꺾이고 말았다.

최치원은 나라의 형편을 외면하고 지내는 귀족들에게 크게 실망했다. 정치 개혁의 뜻이 꺾이자 결국 벼슬을 버리고 학문 연구에 힘을 쏟았다. 인재 양성에도 힘써 최치원의 가르침을 받은 제자들 가운데 고려 건국에 큰 영향을 준 이들이 많았다. 그의 개혁 의지는 그때는 뜻을 이루지 못했지만 나중에 이어져 실행되었다.

『삼국사기』에 따르면 최치원이 지리산으로 은퇴했으나 언제 죽었는지는 알 수 없다.

저서로는 『계원필경』, 『사사비명(불교 사원의 유래나 고승의 행적을 기술한 네 가지)』, 『법정화상전』 등이 있다.

생각이 쑤욱

1. 최치원이 어린 나이에 당으로 유학을 떠난 이유를 한 문장으로 표현해요.

2. 최치원의 공부 방법과 관련된 이야기입니다. 자신의 공부법과 비교해 본받을 점을 1분 동안 설명하세요.

> "남이 백을 하는 동안 나는 천의 노력을 했다."
> 최치원은 공부의 가장 큰 적은 게으름이라고 생각했습니다.
> 당나라 어린이들을 이기려면 잠자는 시간도 아끼며 공부해야 했습니다. 쏟아지는 잠을 쫓기 위해 졸음이 오는 음식은 입에 대지도 않았고, 잠을 물리치는 독한 차를 하루에 수십 잔씩 마시기도 했습니다.
> 찬물에 세수하기도 하고 찬바람을 쐬기도 했지만 쏟아지는 잠을 이기지는 못했습니다.
> 최치원은 결국 상투를 천장에 묶고 가시로 살을 찌르며 공부했답니다.
> 남들은 미련하다고 놀렸지만 신경 쓰지 않았습니다.

3. 신라의 골품제에 대한 설명입니다. 최치원은 조기 유학을 통해 골품제의 벽을 넘으려 했어요. 나라면 어떻게 했을까요?

> 신라 사람들은 태어나면서 부모의 신분을 물려받았다. 아무리 재능이 뛰어나도 신분이 낮으면 골품의 벽에 막혀 높은 벼슬을 할 수 없었다. 옷차림과 사는 집의 규모, 심지어는 매일 사용하는 그릇까지도 골품에 따라 기준이 정해져 있었다.

머리에 쏘~옥

계원필경

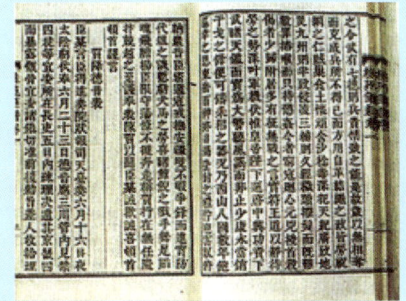

최치원이 중국 당나라에서 활동할 때 지은 『계원필경』(사진)은 우리나라에서 가장 오래된 문집입니다.

시 50수와 문장 320편을 직접 골라 20권으로 엮어 헌강왕에게 바쳤답니다.

'계원'은 문장가들이 모인 곳을 말하며, '필경'은 군대 막사에 거주하며 문필로 먹고 살았다고 붙인 이름입니다.

『계원필경』은 당나라 말기 중국과 신라를 포함한 동아시아의 모습을 고스란히 담은 귀중한 문헌입니다. 하지만 내용이 광범위하고 문장이 어려워 번역이 전부 이뤄지지 않다가 2009년 9월 모두 번역되었다고 합니다.

 최치원은 신라를 구하기 위해 12가지 조항의 개혁안을 냅니다. 당시 신라의 상황을 생각해 개혁안에 담겼을 내용을 세 가지만 생각해요.

 정치 개혁의 뜻을 이루지 못하자 최치원은 벼슬을 버리고 전국을 떠돌다 세상을 떠났어요. 내가 최치원의 입장이 되었다면 어떻게 행동했을까요?

 최치원은 당나라로 조기 유학을 떠나 학문을 크게 이뤘어요. 오늘날 조기 유학을 떠나는 학생이 많은데 부정적으로 생각하는 사람도 있습니다. 조기 유학에 대한 내 생각을 밝혀요 (400~500자).

↑ 부산시 해운대구 동백섬에 있는 최치원의 동상.

인물사 12

'철의 나라' 금관가야를 세운 김수로왕

↑ 김수로를 주인공으로 한 MBC TV 드라마의 한 장면.

가야를 세운 김수로(?~199)를 소재로 TV 드라마가 방송되며 잊힌 나라 가야가 다시 주목 받고 있어요.

김수로는 온갖 시련을 이겨내고 변방의 작은 나라들을 통일해 금관가야를 세운 시조입니다. 그는 인도에서 온 허황옥(?~188)과 우리 역사 최초로 국제 결혼을 했으며, 남녀 평등주의자였다고 합니다.

가야는 역사 속에 묻혀 있다가 1970년대 이후 유물이 쏟아져 나오며 관심을 받게 되었어요. 가야는 바다를 통해 무역 활동을 활발하게 했고, 뛰어난 철기 문화를 자랑했던 나라입니다. 한때는 신라와 낙동강을 동서로 두고 대등하게 맞서기도 했습니다.

김수로의 가야 건국 과정과 가야가 남긴 철기 문명의 발자취를 살펴보고, 강성했던 가야가 멸망한 이유 등을 공부합니다.

↑ 김수로왕의 전신 그림.

관련 교과
3학년 2학기 도덕 4단원
나라 사랑의 길
3학년 2학기 국어 4단원
인물과 하나 되어
4학년 1학기 도덕 5단원
자랑스러운 우리나라

삼국과 대등했던 600년 역사 '철의 나라' 가야

가야는 기원 전후부터 562년까지 낙동강 하류 지역에 있었던 국가들의 연맹체다.

가야는 가야국 또는 가야연맹으로 부르기도 한다. 『삼국유사』에는 금관가야(김해), 아라가야(함안), 대가야(고령), 소가야(고성), 고령가야(함창), 성산가야(성주) 등 6개의 가야가 나온다.

가야는 신라와 백제 등과 어깨를 견줄 정도로 국력이 강성했던 '철의 나라'였다. 일찍부터 철기 문화가 발달해 품질이 좋은 철을 많이 생산해 중국과 일본 등에 수출하며 크게 성장했다.

하지만 가야는 500여 년 동안 존속하면서도 삼국처럼 하나의 국가로 통일되지 못해 강력한 힘을 기르지 못했다. 결국 지리적 위치 때문에 백제와 신라의 공격을 자주 받게 되었다. 초기에는 낙동강 하류에서 해상 무역을 이끌었던 금관가야를 중심으로 신라와 백제에 대항했으나, 금관가야가 쇠약해진 뒤에는 대가야를 중심으로 뭉쳐 싸웠다.

가야는 왕성한 국제 교역을 발판으로 신라보다 수준 높은 문화를 꽃 피웠지만, 결국 금관가야의 멸망을 시작으로 562년에는 대가야마저 신라에게 정복당하고 말았다.

⬆ 김해 대성동 고분군에서 나온 유물인 덩이쇠. 가야 시대에 화폐나 교역품으로 이용되었다. 중국이나 일본에서도 당시 이 철을 구하기 위해 가야로 왔다.

금관가야 건국… 철 이용해 백성을 풍요롭게 하다

◎ 경남 김해 대성동 고분군 안의 전시관 모습. 이 곳에서 나온 유물들을 통해 강성했던 금관가야의 모습을 알 수 있다.

금관가야의 건국 신화가 깃든 구지봉(경남 김해 구산동)과 봉황대 사이에 자리한 대성동 고분군. 금관가야 지배층들이 묘지를 쓰던 곳으로 보이는 이곳에서는 순장의 풍습과 여러 가지 마구류(말을 타거나 부리는데 쓰이는 기구) 등 북방 유목 민족의 유물이 발견되었다. 바람개비 모양의 청동기 등 일본계 유물도 함께 발견돼 고대 가야의 역사를 밝히는 데 중요한 실마리가 되고 있다.

서기 44년 김수로왕은 아직 나라의 이름도 없고 임금과 신하의 호칭도 없던 김해 지방을 통합해 금관가야를 세웠다.

그가 왕위에 오르자 관직을 만들고 수도를 정해 나라의 기틀을 마련했다. 또 금관가야의 특산품인 철을 이용해 백성의 삶을 풍요롭게 만들었다.

김수로왕은 오랫동안 왕비 없이 살았다. 신하들이 왕비를 들이라고 청하자 "짐이 이 땅에 내려온 것은 하늘의 뜻이며, 왕비 또한 하늘의 명이 있을 것이니 걱정하지 말라."고 대답했다.

어느 날 신하에게 명해 바닷가에 나가 기다리게 하니 서남쪽 바다에서 붉은 비단 돛을 달고 붉은 깃발을 펼친 배가 다가왔다. 그는 바다를 건너온 인도 아유타국의 공주 허황옥이었다. 수로왕은 그를 맞아 왕비로 삼았다.

황금알을 깨고 태어나다

◆ 경남 김해시 구산동의 구지봉(왼쪽 사진)과 서상동에 있는 수로왕릉(오른쪽 사진).

가야의 시조이자 하늘에서 내려온 신화의 주인공 김수로는 어떤 사람일까. 또 가야의 지배층은 어떤 사람들이었을까.

『삼국유사』의 가락국기에 다음과 같이 전한다.

어느 날 구지봉에서 이상한 소리가 들려 사람들이 모여들었다. 하늘이 내게 이 곳에 나라를 세우고 왕이 되라고 하셨다. 이 봉우리를 파면서 "거북아, 거북아. 머리를 내놓아라. 내놓지 않으면 구워 먹겠다."고 노래하며 춤추어라. 그럼, 왕을 맞게 될 것이다.

사람들이 그대로 따랐다. 그러자 하늘에서 자주색 끈에 매달려 붉은 보자기로 싼 황금 상자가 내려왔다. 상자를 열자 태양처럼 둥근 황금 빛이 나는 알 여섯 개가 있었다. 모두 놀랍고 기뻐 알을 향해 절을 한 뒤 촌장의 집 탁자 위에 두었다.

12일 만에 여섯 개의 알에서 각각 아기가 태어났다. 아기들은 모두 용모가 신비롭고 빼어났다. 가장 먼저 알에서 태어났다고 해 '수로'라고 이름을 지었는데, 그는 금관가야의 왕이 되었다. 나머지 다섯 개의 알에서 태어난 아기들도 각각 5가야의 왕이 되었다.

생각이 쑤욱

머리에 쏘~옥

1 고대 국가의 왕들 가운데는 알에서 태어난 사람이 많아요. 김수로왕처럼 알에서 태어난 왕의 사례를 한 가지만 소개해요.

난생 신화

난생 신화는 알에서 사람이 태어났다고 하는 신화를 말해요.

『삼국유사』에는 신라의 시조인 박혁거세의 출생 이야기가 전해집니다. 경남 양산 기슭 나정 부근에 여섯 마을의 사람들이 모여 있을 때, 번갯불 같은 것이 땅에 떨어져 그 자리에 가봤더니 보랏빛 큰 알이 있었고, 거기서 박혁거세가 태어났다고 합니다.

2 금관가야가 초기에 신라와 맞설 수 있을 만큼 강성한 나라로 성장할 수 있었던 까닭을 100자로 설명해요.

오리 모양 토기

가야 지역 무덤에서는 마치 오리를 그대로 본뜬 듯한 토기나 새 모양의 토기가 많이 나옵니다.

우리나라에는 예부터 물오리나 새가 악령을 막고 죽은 자의 영혼을 인도한다는 믿음이 있었답니다.

몸통의 등에는 액체를 담을 수 있는 원통 모양의 입구가 있어 뚫린 꼬리 쪽과 연결되어 있어요. 앞에는 쭉 뻗은 주둥이와 코가 표현되고, 그 옆에 귀 또는 눈이 있습니다. 또 머리 위에는 볏이 달려 있어 몸통과 조화되고 균형 잡힌 아름다움을 보여주고 있어요.

3 오리 모양 토기는 가야가 남긴 유물의 하나입니다. 가야 사람들은 왜 오리 모양을 한 토기를 많이 만들었을까요?

 인도 공주인 허황옥은 김수로왕과 결혼하기 위해 가야까지 배를 타고 왔다고 합니다. 인도에서 가야까지 어떻게 왔을지 허황옥이 온 바닷길을 짐작해보세요.

 가야는 순장을 하는 풍습이 있었어요. 순장은 신분이 높은 사람이 죽으면 그 사람을 모시던 노비 등을 산 채로 함께 묻는 풍습을 말합니다. 왜 산 사람을 죽은 사람과 함께 묻었을까요?

머리에 쏘~옥

파사 석탑

경남 김해의 파사 석탑(사진)은 48년(수로왕 7)에 수로왕비 허황옥이 인도 아유타국에서 바다를 건너 가야로 올 때 풍랑을 잠재우기 위해 싣고 왔다고 전해집니다.

처음에 공주가 바다를 건너 동쪽으로 향하려다 바다 신의 노여움 때문에 가지 못하자 탑을 싣고 오게 되었다고 합니다.

 우리 고대 역사에서 가야는 여전히 잊힌 나라입니다. 고대 역사 초기에 멸망해 역사 기록이 거의 남지 않았기 때문입니다. 어떻게 하면 지금 가야 역사를 되살릴 수 있을지 아이디어를 내보세요(400~500자).

한눈에 보는 한국사 연표 (선사 시대~대한민국)

우리나라		연대	사건	중국	서양사
선사 시대 ~ 고조선		기원전 2333 고조선 건국			
		8000년경	신석기 형성(간석기)	황하 문명	
		2333	고조선 건국(단군왕검)		
		1122년경	고조선 8조금법 제정	은	
		1000년경	청동기 시작(반달돌칼, 민무늬토기, 고인돌)	주	
		800년경	고조선, 왕검성에 수도 정함	춘추 전국	
		450년경	부여 성립(쑤이강 상류)		
		400년경	철기 보급	진	
		194	위만, 고조선의 왕이 됨(위만조선)		고대 사회
		108	고조선 멸망	한	
		59	해모수, 북부여 건국		
		57	박혁거세, 신라 건국		
		37	주몽, 고구려 건국		
		18	온조, 백제 건국		
삼국 시대		(기원전) (서기)			
		42	가야 건국		
		194	고구려, 진대법 실시(을파소)	삼국 시대	
		260	백제, 율령 반포 (고이왕)	진	
		313	고구려, 낙랑군 멸망		
		372	백제, 왜에 칠지도 하사/고구려, 불교 전래	5호 16국	
		381	백제, 불교 전래		
		391	고구려, 광개토왕 즉위		
		414	고구려, 광개토왕비 세움		
		427	고구려, 평양 천도, 안학궁 건립		
		433	나제동맹 성립		
		449	고구려, 중원 고구려비 세움	남북조 시대	중세 사회
		458	신라, 불교 전래		
		475	백제, 웅진 천도		
		503	신라, 국호를 신라, 국호를 남부여라고 함		
		512	신라, 이사부 우산국 정벌		
		520	신라, 율령 반포 (법흥왕)		
		528	신라, 이차돈 순교로 불교 공인		
		538	백제, 사비 천도, 국호를 남부여라고 함		
		551	백제와 신라, 연합해 고구려 공격		
		554	백제 성왕, 신라와의 관산성 싸움에서 전사		
		555	신라 진흥왕, 북한산에 진흥왕 순수비 건립	수	
		610	고구려 담징, 일본 호류사에 금당벽화 그림		
		612	고구려 을지문덕, 살수대첩		
		645	고구려, 안시성 싸움 승리	당	
	660 백제 멸망	660	신라와 백제 황산벌 전투, 백제 멸망		
	668 고구려 멸망	668	고구려 멸망		

우리나라	연대	사건	중국	서양사
통일신라, 발해	676	신라, 삼국 통일	당	
	685	전국을 9주 5소경으로 편성		
	692	설총, 이두 정리		
	698	대조영, 발해 건국		
	702	무구정광대다라니경 인쇄		
	727	혜초, 『왕오천축국전』 저술		
	751	김대성, 불국사와 석굴암 창건		
	756	발해, 상경용천부 천도		
	771	성덕대왕신종 주조		
	828	장보고, 완도에 청해진 설치		
	894	최치원, '시무 10조' 올림		
	900	견훤, 후백제 건국		
	901	궁예, 후고구려 건국		
고려 시대	918	왕건, 고려 건국	5대 10국	중세 사회
	926	발해, 거란에 멸망		
	935	신라 멸망		
	936	고려, 후삼국 통일		
	958	과거 제도 제정		
	993	거란 1차 침입(~1018년까지 3차 침입)		
	996	건원중보 주조		
	1019	강감찬, 귀주대첩	북송	
	1033	천리장성 축조		
	1102	해동통보 주조		
	1107	윤관, 여진 정벌(9성 건설)		
	1126	이자겸의 난		
	1135	묘청의 난(서경 천도 운동)		
	1145	김부식, 『삼국사기』 50권 편찬		
	1170	무신정변	남송	
	1176	망이와 망소이의 난		
	1196	최충헌, 정권 장악		
	1231	1차 몽골 침입(~1257년까지 7차례 침입)		
	1234	상정고금예문(세계 최초 금속 활자) 간행		
	1251	팔만대장경 완성		
	1270	강화에서 개경 환도, 삼별초의 항쟁	원	
	1285	일연, 『삼국유사』 완성		
	1363	문익점, 원에서 목화씨 가지고 옴		
	1377	『직지심경』 간행, 최무선 화통도감 설치	명	
	1388	이성계 위화도 회군		

79

우리나라		연대	사건	중국	서양사
조선 시대	1392 고려 멸망, 태조 이성계, 조선 건국	1392	고려 멸망, 이성계, 조선 건국	명	중세 사회
		1394	한양 천도, 정도전, 『경국대전』 편찬		
		1400	2차 왕자의 난, 태종 즉위		
		1402	호패법 실시		
		1413	조선 8도 완성		
		1418	세종 즉위, 집현전 설치		
		1432	『삼강행실도』 편찬		
		1441	장영실, 세계 최초로 측우기 설치		
		1443	훈민정음 창제		
		1446	훈민정음 반포		
		1456	사육신 처형(단종 복위 사건)		
		1474	성종, 『경국대전』 반포		
		1506	중종반정		
		1543	백운동서원(최초 서원) 건립		
		1568	이황, 『성학십도』 지음		
		1583	이이, 10만 양병설 건의		
		1592	임진왜란 발발, 한산도대첩		
		1593	행주대첩		
		1597	정유재란		
		1598	이순신, 노량해전서 전사		
		1609	일본과 국교 재개(기유약조)		근대 사회
		1610	광해군, 허준, 『동의보감』 25권 편찬		
		1623	인조반정	청	
		1627	정묘호란, 부연 일행 제주도 표착		
		1636	병자호란		
		1678	상평통보 주조		
		1708	대동법 전국 시행		
		1712	백두산 정계비 세움		
		1725	영조, 탕평책 실시		
		1750	균역법 실시		
		1780	박지원, 『열하일기』 지음		
		1788	천주교 금지		
		1792	정약용, 거중기 발명		
		1796	화성 완성		
		1811	홍경래의 난		
		1818	정약용, 『목민심서』 완성		
		1860	최제우, 동학 창시		
		1861	김정호, 대동여지도 간행		

우리나라		연대	사건	중국	서양사
개항기	1863 고종 즉위 흥선대원군 집권	1863	고종 즉위, 흥선대원군 집권	청	근대 사회
		1865	경복궁 중건(~1872년)		
		1866	제너럴 셔먼호 사건 발발, 병인양요		
		1871	신미양요, 서원 철폐		
		1876	강화도조약 체결		
		1883	태극기를 국기로 제정, 한성순보 창간		
		1884	갑신정변, 우정국 설치		
		1894	갑오개혁 추진, 동학농민운동		
		1895	을미사변		
		1897	아관파천, 독립협회 결성, 독립신문 창간		
		1899	경인선 철도 개통		
		1905	을사조약, 동학을 천도교로 개명		
		1907	국채 보상 운동, 헤이그 밀사 사건, 고종 퇴위		
		1909	안중근, 이토 히로부미 사살		
일제 강점기	1910 조선총독부 설치	1910	국권 피탈(일제강점기 시작)		
		1914	대한광복군 정부 수립	중화 민국	
		1919	3·1 독립운동, 대한민국 임시정부 수립		
		1920	봉오동과 청산리 전투 승리		
		1926	6·10 만세운동 발발		
		1932	이봉창·윤봉길 의거		
		1936	손기정, 베를린올림픽 마라톤 우승		
		1940	한국광복군 창설, 창씨개명 실시		
	1945 8·15 광복	1945	8·15 광복, 모스크바 3상 회의		
대한민국	1948 대한민국 정부 수립	1948	대한민국 정부 수립	중화인민 공화국	현대 사회
		1950	한국전쟁 발발		
		1953	휴전협정 조인		
		1960	4·19 혁명		
		1961	5·16 군사정변		
		1962	1차 경제 개발 5개년 계획 수립		
		1970	경부고속도로 개통		
		1972	7·4 남북 공동성명 발표, 남북 적십자회담		
		1979	10·26 사태		
		1980	광주민주항쟁(5·18 민주화운동)		
		1988	24회 서울올림픽 개최		
		1990	소련과 국교 수립		
		1994	북한 김일성 사망		
		2000	남북 정상회담 6·15 공동선언 발표		
		2002	한·일 월드컵 개최		

역사토론 인물사 답안과 풀이

사도세자는 왜 왕이 되지 못했을까

♣ 11쪽

1. 독해력을 요구하는 문제다.

☞ 예시 답안

일찍 후계자를 정해 왕권의 안정을 꾀하기 위해/철저한 교육을 통해 성군으로 길러내기 위해

2. 사실을 근거로 가능성을 추론하는 문제다.

☞ 예시 답안

집권 세력인 노론의 미움을 받았기 때문에/노론의 힘을 견제하려던 영조의 생각 때문/당쟁에 희생되었기 때문 등.

3. 배경지식을 넓히는 문제다.

☞ 예시 답안

태종의 셋째 아들인 충녕대군(세종대왕)이 첫째인 양녕대군을 대신해 왕위에 올랐다.

♣ 12쪽

4. 본문의 내용을 근거로 사도세자가 왕위에 올랐을 경우 달라질 결과를 추측한다.

☞ 예시 답안

▶정치 : 당파 싸움이 없는 여론 정치를 실현했을 것이다.
▶경제 : 가난한 사람에게 고통을 주는 세금 제도를 개혁해 백성의 생활을 안정시켰을 것이다.
▶학문 : 성리학뿐만 아니라 실학과 과학도 발달했을 것이다.
▶인사 : 여러 파의 사람들을 고루 뽑아 능력에 맞게 적재적소에 배치하고 관리했을 것이다.

5. 사도세자를 소개하며 학습한 정보를 종합한다.

☞ 예시 답안

사도세자는 영조의 둘째 아들로 태어났다. 그는 영조의 맏아들인 효장세자가 어려서 죽고 난 뒤 7년 만에 태어난 관계로 두 살의 나이에 왕세자가 되었다. 열 살 때 혜경궁 홍씨와 결혼했다.

어려서부터 매우 영특해 세 살 때 한자 책을 외울 정도였다. 또 일찍이 정치적 안목이 있어 영조가 당파를 없앨 방법을 묻자 여러 파의 사람들을 고루 쓰면 된다고 대답해 칭찬을 받기도 했다. 15세 때 아버지를 대신해 정치를 펴다가 노론 일파에 의해 모함을 당해 영조의 미움을 샀다.

결국 사도세자는 영조에게서 자결하라는 명을 받고 살려달라고 애원하다 뒤주 속에 갇혀 28세에 창경궁에서 죽었다. 뒤에 영조가 세자의 죽음을 슬퍼하며 사도라는 시호를 내렸고, 훗날 아들 정조가 왕위에 올라 장헌세자로 시호를 올렸다. 고종 광무 3년에 장조로 추존되었다.

절의를 지킨 사육신 성삼문

♣ 17쪽

1. 독해력을 통해 배경지식을 익히고 이를 압축해 표현하는 능력을 기른다.

☞ 예시 답안

의롭지 않은 것을 부끄럽게 여긴 사람/뛰어난 문장가요, 언어학 분야의 탁월한 학자/충절과 의리의 삶을 본보기로 보여준 사람 등.

2. 시조를 감상하는 방법을 배운다.

☞ 예시 답안

자신의 죽음에도 굴하지 않고 단종에게 충성을 다하겠다/오직 한 임금에 대한 충절 다짐 등.

3. 독해력을 바탕으로 원인과 결과를 추론하는 문제다.

☞ 예시 답안

세조가 준 녹봉을 쓰면 세조를 왕으로 인정하는 것이기 때문이다 등.

4. 배경지식을 바탕으로 추론하는 능력을 키운다.

☞ 예시 답안

타고난 재능을 발휘해 많은 업적을 남기고 대대손손 부귀와 권세를 누리며 살았을 것이다.

♣ 18쪽

5. 원인과 결과를 유추하는 문제다.

☞ 예시 답안

성삼문이 반역한 것이 아니라 충성을 다한 신하였다는 사실을 인정했기 때문이다/유교 사회에서 성삼문은 대표적인 유학자 정신을 보여준 충신이었기 때문이다 등.

6. 정보의 가치를 판단하고 내 주장을 설득력 있게 펼칠 수 있는 논리력이 필요하다.

☞ 예시 답안

성삼문의 의견에 동의한다. 사람의 도리를 저버리면 안 되기 때문이다. 단종을 잘 모시기로 약속해 놓고 상황이 바뀌었다고 신의를 저버리면 배운 사람의 자세가 아니고 선왕에 대한 예도 아니다.

또 세상에 부끄럽지 않은 사람이 되어야 하기 때문이다.

나라를 위해 능력과 재주를 발휘해 많은 업적을 남기는 일도 중요하다. 그러나 성삼문이 수양대군에게 협력했더라면 부귀영화와 권세는 누릴 수 있었겠지만, 세상에 고개를 바로 들지 못하고 자신에게 당당하지 못한 삶을 살 수밖에 없었을 것이다.

옳은 것을 알더라도 그것을 실천하려면 고통이 따른다. 생명은 누구에게나 소중하다. 성삼문은 자기가 옳다고 믿는 바를 위해 하나밖에 없는 목숨을 바쳤다.

우리 역사 최초의 여왕 '선덕여왕'
♣ 23쪽

1. 배경지식을 묻는 문제다.
☞ 예시 답안

신라에만 있었던 골품제도의 영향이 컸다.

2. 사고의 유연성을 기른다.
☞ 예시 답안

비범하고 현명한 선덕여왕/놀라운 예지력 위대한 선덕여왕/온 세상에 떨친 지혜로움 등.

3. 합리적이며 논리적인 사고가 필요하다
☞ 예시 답안

첨성대는 천문대가 맞습니다. 첨성대는 음력으로 1년을 의미하는 362개의 화강암 벽돌로 만들어졌습니다. 맨 위에 있는 28단으로 된 정자 모양의 돌은 기본 별자리 수를 뜻합니다.

몸 쪽 중앙에 네모난 창을 중심으로 위 아래로 12단은 일 년 열두 달과 24절기를 가리킵니다. 그러므로 첨성대는 천문대입니다.

♣ 24쪽

4. 기사를 바탕으로 추론하는 문제다.
☞ 예시 답안

신라의 수도 경주에 거대한 탑을 세워 신라 왕실의 권위와 나라의 힘을 널리 과시하려고 했다 등.

5. 논리적으로 비판하는 능력이 요구된다.
☞ 예시 답안

왕이 여자기이 때문에 나라를 잘 다스리지 못한다는 주장에 동의하지 않는다. 여자라서 안 된다는 것은 편견에 불과하기 때문이다. 남자라고 나라를 잘 다스리고 여자라고 잘 다스리지 못한다는 것은 있을 수 없는 일이다. 오히려 여자라서 더 섬세하고 꼼꼼하게 잘 다스릴 수도 있다. 영국의 대처 수상은 여자였지만 나라를 잘 다스려 온 국민에게 존경받는 지도자로 손꼽히고 있다. 따라서 여자라서 나라를 잘 다스리지 못한다며 난을 일으킨 것은 왕이 되고 싶은 비담의 핑계에 지나지 않는다.

6. 학습한 정보를 종합적으로 분석하고 내 의견을 논리적으로 펼치는 능력이 요구된다.
☞ 예시 답안

선덕여왕이 신라가 고구려와 백제의 침략으로 어려움에 처하자 당나라에 도움을 요청한 일은 지도자로서 어쩔 수 없는 선택이었다.

당시 신라는 삼국 중에서 가장 약한 나라였다. 게다가 이웃 나라인 고구려과 백제의 끊임없는 침략으로 나라의 상황은 매우 혼란스러웠다. 신라의 힘만으로 이들을 물리칠 수 있었다면 더할 나위 없이 좋았겠지만 신라가 혼자서 상대하기에는 정말 힘든 상황이었다. 따라서 나라가 망할 수도 있는 위기를 외교 관계를 이용해 극복하고자 한 것은 합리적이고 현실적인 해결책이었다.

물론 신라가 당나라에 조공을 바친 일을 두고 당나라의 속국을 인정하는 행위로 잘못됐다고 볼 수도 있다. 하지만 두 나라 사이에서 물건들이 오고간 것이므로 국가 간 무역이라 할 수도 있다. 당나라의 문물이 신라로 들어오면서 신라의 문화가 크게 발전하는 계기도 됐다.

선덕여왕은 나라의 힘을 키워 강한 나라가 될 때까지 나라 사이의 관계를 잘 살펴 적절히 이용하는 외교 정책을 펼치며 자주성을 지켰다.

위기에서 나라를 구한 조선의 명장 이순신
♣ 29쪽

1. 독해력과 요점을 정리하는 능력이 필요하다.
☞ 예시 답안

왜군 침략을 대비해 철저한 준비를 했다/지형과 지세 등 자연 조건을 잘 활용했다/훌륭한 리더십을 발휘했다 등.

2. 배경 지식을 바탕으로 추론하는 능력이 필요하다.
☞ 예시 답안

어려운 일이 닥쳐도 쉽게 포기하거나 좌절하지 않는다/어려움을 극복하는 용기와 지혜가 있다 등.

3. 역사적 배경 지식을 이용해 인물의 성격을 추론하는 문제다.
☞ 예시 답안

임금이 병사의 공을 알게 함으로써 죽은 뒤에나마 사람 대접을 받게 해주려는 뜻이다 등.

♣ 30쪽

4. 독해력을 바탕으로 평가 능력을 기르는 문제다.

☞ 예시 답안

공과 사를 분명히 구별하는 정신/자신의 신념을 굽히지 않는 정신/자신이 옳다고 믿는 바를 실천하는 정신 등.

5. 역사를 보는 눈과 추론하는 능력을 기른다.

☞ 예시 답안

거북선의 유물이 거의 남아 있지 않아 철갑선인지 아닌지 벌어지는 논란을 잠재울 수 있다/후손에게 자랑스러운 역사를 보여줄 수 있다 등.

6. 가치를 판단해 자기의 주장을 설득력 있게 펼칠 수 있는 논리력과 표현력이 필요하다.

☞ 예시 답안

이순신 장군의 입장이었다면 나도 나라를 위해 목숨을 바쳤을 것이다. 자신과 후손에게 부끄럽지 않은 사람이 되어야 하기 때문이다.

누구에게나 생명은 소중한 것이다. 하지만 나라가 위기에 처해 도움을 기다린다면 당연히 나서야 하는 것이 국민의 의무다.

당시 조선의 상황은 매우 위급했다. 그러한 상황에서 이순신이 목숨을 아껴 싸움에 나서지 않았다면 왜군이 서해안을 거쳐 한강으로 향할 것이고 나라가 망할 수도 있었다.

이런 사실을 예상하고도 나가서 싸우지 않았다면 백성은 물론 자신의 가족도 다치고 후손에게도 나라를 물려줄 수 없었을 것이다.

무장으로서의 책임도 있다. 무장이 죽음을 무릅쓰고 적과 싸우는 것은 의무이자, 영광스러운 일이다. 나라를 침략한 적이 국토를 짓밟고 백성을 고통스럽게 한다면 당연히 나서야 한다.

노력으로 이룬 조선 최고의 명필 한석봉

♣ 35쪽

1. 배경지식을 바탕으로 추론하는 능력을 기른다.

☞ 예시 답안

끊임없는 노력만이 성공을 가져온다는 태도/자신의 부족함을 알고 그것을 채우기 위해 노력하는 태도 등.

2. 배경지식을 바탕으로 추론하는 능력이 필요하다.

☞ 예시 답안

타고난 재능을 스스로 열심히 갈고 닦아 훌륭한 명필가가 되었을 것이다/타고난 재능이 있어 명필은 되었겠지만 조선 2대 명필은 되지 못했을 것이다 등.

3. 배경지식을 바탕으로 이야기를 구성하는 능력을 기른다.

☞ 예시 답안

"평소 글씨 쓰는 연습을 많이 하고 한 자 한 자 정성을 다해 쓰는 습관을 들이세요. 한꺼번에 바꾸려고 하지 말고 한 글자를 중점적으로 연습해 바꾼다는 생각으로 연습하세요."

♣ 36쪽

4. 창의성 가운데 융통성을 기르기 위한 문제다.

☞ 예시 답안

어머니의 가르침을 깨닫고 글씨 잘 쓴다고 자만했던 자신을 부끄럽게 여겼을 것이다/어머니가 스스로 모범을 보이시며 자신의 부족함을 알게 하신 것이라 생각했을 것이다 등.

5. 회화적 표현력과 독창성이 요구된다.

☞ 예시 답안

한석봉의 뜻과 정신을 널리 알리기 위해 석봉체를 활용하거나 어렸을 적 어머니와 내기를 하던 모습을 활용해도 좋습니다.

6. 배경지식을 활용하는 확산적 사고력과 논리력 등 종합적 사고력이 요구된다.

☞ 예시 답안

한석봉의 꿈은 조선 제일의 명필이 되는 것이었습니다. 한석봉은 꿈을 이루기 위해 끊임없이 노력했습니다. 그는 붓과 먹, 종이조차 살 수 없을 정도로 가난했습니다.

하지만 돌과 나뭇잎, 항아리에 글씨를 써가며 실력을 갈고 닦았습니다. 한석봉은 이름난 명필들의 글씨를 한 자 한 자 익혀 결국 독창적인 석봉체를 만들어냅니다.

내 꿈은 가난하고 어려운 사람들에게 봉사하는 최고의 의사가 되는 것입니다. 책에서 보았던 아프리카의 한 어린이는 치료를 받지 못해 죽어가고 있다고 합니다.

우리 주변에도 돈이 없어 병원을 찾지 못하는 사람들이 적지 않습니다. 그래서 저는 어려운 사람들을 무료로 치료하는 의사가 되고 싶습니다.

의사가 되려면 우선 한석봉처럼 열심히 노력해 의대를 가는 것입니다. 그러기 위해 책도 많이 읽고 공부도 열심히 할 것입니다.

고려를 세운 태조 왕건

♣ 41쪽

1. 독해력과 유창성을 기르는 문제다.

☞ 예시 답안

너그럽고 포용력이 있었다/신라와 친하게 지내는 정책을 폈다/호족과 연합에 성공했다/경훤이 항복해 후백제를 쉽게 이기게 되었다 등.

2. 독해력과 분석적 사고력이 요구된다.
☞ 예시 답안

힘이 강력한 호족들과 혼인 관계를 맺어 자기편으로 만들고 그들의 세력도 견제할 수 있었다.

3. 배경지식을 바탕으로 추론하는 능력과 확산적 사고력이 요구된다.
☞ 예시 답안

전쟁 때문에 정말 힘들어 살 수가 없어요. 하루라도 전쟁이 없는 곳에서 행복하게 살고 싶어요.

4. 독해력을 바탕으로 추론하는 문제다.
☞ 예시 답안

신라와 평화적으로 합치지 못하고 전쟁이 일어났을 것이며, 전쟁에 이겨 신라의 항복을 받았더라도 고려가 발전하는데 걸림돌이 되었을 것이다 등.

♣ 42쪽

5. 훈요십조를 계기로 자신의 꿈이나 직업을 생각하게 하려는 의도. 정보를 압축해 단문으로 정리하는 능력과 창의성 가운데 구체성이 요구된다.
☞ 예시 답안

사람을 진심으로 대하라/항상 웃는 얼굴로 사람을 대하라/친절한 사람이 되라/책을 가까이 하라/공부를 게을리 하지 마라/시간을 아껴 써라/갈등은 대화와 타협으로 해결하라/친구를 많이 사귀고 적을 만들지 마라/매사에 최선을 다하라/건강한 몸과 건강한 정신을 유지하기 위해 노력하라 등.

6. 배경지식을 확장해 현실에 응용하는 능력을 기르고, 대안을 논리적이고 창의적으로 제시하는 종합적인 사고 능력을 키운다.
☞ 예시 답안

남북한은 원래 한 나라였지만 분단되어 60여 년 동안 대립과 갈등을 계속하고 있습니다. 남북한은 그동안 가치관과 생활 방식이 많이 달라졌을 뿐만 아니라 한국전쟁으로 인한 상처도 아직 아물지 않았습니다.

우리의 가장 큰 소망은 바로 통일입니다. 그러나 통일을 이루려면 먼저 해결해야 할 문제들이 있습니다.

왕건이 고려를 세우고 후삼국을 통일한 과정은 우리에게 많은 가르침을 줍니다. 왕건은 멸망한 신라와 후백제의 백성을 차별 없이 대해주고 포용하는 정책을 폈습니다. 또 왕건은 외세에 의존하지 않고 자주적인 통일을 했습니다.

남북한도 왕건처럼 서로 이해하고 존중하는 자세로 바라보아야 합니다. 남북이 군사적으로 대립하면 결국 국력을 낭비하게 돼 국제 경쟁에서 뒤질 것이 뻔합니다.

그러니 서로의 차이와 처지를 이해하고 포용하는 자세로 통일의 걸림돌이 되는 문제를 하나씩 해결해야 합니다.

우리나라 독립 위해 목숨 바친 유관순
♣ 47쪽

1. 배경지식을 묻는 문제다.
☞ 예시 답안

전쟁터로 끌려 나갔다/우리의 성과 이름을 일본식 성과 이름으로 바꾸게 했다/한글을 쓰지 못하게 하고 일본어를 쓰도록 했다/토지를 강제로 빼앗았다 등.

2. 배경지식을 바탕으로 추론한다.
☞ 예시 답안

독립 운동의 새로운 출발점이 되었다/독립을 이루려면 체계적인 준비와 실천이 필요하다는 사실을 알게 됐다/일본이 무자비하게 식민지를 지배하는 실상이 세계적으로 폭로되었다 등.

3. 학습한 정보를 바탕으로 창의성 가운데 구체성을 기른다.
☞ 예시 답안

지금 온 나라가 독립 만세 소리로 가득한데, 우리 마을만 이렇게 조용히 지낼 수는 없어요. 빼앗긴 나라를 되찾기 위해 우리도 독립 만세 운동에 동참해야 해요.

♣ 48쪽

4. 제시된 지문을 활용해 인물의 성격을 추론한다.
☞ 예시 답안

옳다고 생각하면 뜻을 굽힐 줄 모르는 신념이 있다 등.

5. 대안을 제시하는 능력을 기르기 위한 문제다.
☞ 예시 답안

나라면 다시는 만세를 부르지 않겠다고 거짓 약속을 하고 풀려나와 독립 운동을 계속할 것이다/감옥에 갇혀 있는 것보다는 자유롭게 활동하며 나라를 위해 할 수 있는 일이 많을 것이다 등.

6. 배경지식을 활용하는 확산적 사고력과 논리력이 요구된다.
☞ 예시 답안

우리나라가 일본에게 나라를 빼앗겼던 일제 강점기에는 많은 분들이 나라를 되찾기 위해 목숨을 바쳤다. 유관순도 어린 나이에 나라의 소중함을 깨닫고 독립 만세 운동을 벌이다 나라를 위해 죽었다. 이처럼 많은 선열의 노력으로 대한민국을 되찾았고, 우리는 그 덕에 발전된 나라에서 살고 있다.

우리에게는 과거 독립 운동을 펼친 분들의 노력이 헛되지 않도록 더욱 자랑스러운 나라를 만들어 미래의 후손에게 물려줘야 할 의무가 있다.

내가 자랑스러운 조국을 위해 할 수 있는 일은 우선 한글 사랑이다. 한글의 우수성은 세계가 인정하고 있다. 하지만 인터넷에서 편리하다는 이유로 무턱대고 줄임말을 쓰거나 **문법에 맞지 않는 말을 쓰는 등 한글 파괴 정도가 갈수록 심해**지고 있다. 또 우리 음악을 사랑하고 우리 악기를 배워보겠다. 피아노나 바이올린은 어려서부터 배우면서도 가야금이나 대금을 배우는 어린이들은 찾아보기 어렵다. 가요나 클래식은 들어도 우리 민요를 듣는 어린이는 드물다.

우리 역사책도 부지런히 읽겠다. 과거에 우리가 겪은 아픔을 기억하고 다시 불행한 일이 일어나지 않도록 하려면 역사를 알아야 하기 때문이다.

목화씨 들여와 백성에게 따뜻한 옷 입힌 문익점
♣ 53쪽

1. 배경지식을 바탕으로 추론하는 능력을 기른다.
☞ 예시 답안

목화 재배 방법을 잘 몰랐기 때문이다/우리나라 기후가 목화 재배에 맞지 않았기 때문이다 등.

2. 독해력을 바탕으로 요점을 파악하는 문제다.
☞ 예시 답안

추운 겨울을 따뜻하게 지낼 수 있었다/목화 섬유를 이용해 옷감을 만드는 등 의생활을 획기적으로 바꾸었다/생활용품에도 쓰이는 등 생활 문화 전반을 크게 변화시켰다 등.

3. 창의성 가운데 독창성을 기른다.
☞ 예시 답안

상투 속에 숨겨 가지고 온다/신발 밑에 깐다/입 속에 넣고 국경을 통과한다 등.

♣ 54쪽

4. 독창성과 평가하고 창조하는 고급 사고 능력이 필요하다.
☞ 그림 생략.

5. 독창성과 융통성, 이야기 구성 능력이 필요하다.
☞ 예시 답안

문익점이 목화씨를 들여오다 들키자 원나라는 국경에서 몸수색을 강화해 목화씨를 들여오기 더욱 어렵게 되었다. 이듬해 문익점은 임금의 명을 받고 다시 원나라 사신으로 가게 되었다. 문익점은 원나라로 갈 때 장인 정천익과 함께 떠났다. 문익점과 장인은 어떻게 하면 목화씨를 몰래 들여올 수 있을지 궁리하다가 이번에는 장인이 목화씨를 헝겊에 싸 목구멍으로 삼킨 채 무사히 국경을 넘었다. 헝겊을 실로 꿰맨 뒤 매듭을 만들어 어금니에 묶어 삼켰다가 국경을 넘으며 목구멍 속으로 넘어갔던 실을 당겨 목화씨를 빼냈다. 원나라에서 재배 방법을 더 자세히 연구하고, 목화솜에서 씨를 빼는 씨아와 옷감을 짓는 물레를 만드는 방법도 알아온 덕에 목화가 2년 더 일찍 전국에 퍼지게 되었다. 삼베옷으로 겨울을 나던 백성들은 목화솜으로 따뜻한 이불과 옷을 만들어 입을 수 있게 되었다.

6. 논리력과 통합적 사고력이 필요하다.
☞ 예시 답안

문익점이 들여온 목화씨는 우리나라의 의생활을 크게 변화시켰다. 겨울에도 베옷으로 추위를 견뎌야 했던 백성은 따뜻한 면옷을 입을 수 있게 되었다. 바느질실이나 노끈, 치료용 솜 등 생활 문화에도 큰 영향을 미쳤다. 면은 갑옷과 화약의 심지에도 쓰였다. 쌀 대신 면포로 세금을 내면서 화폐의 기능도 하게 되었다. 게다가 중국이나 일본으로 수출하는 주요 품목으로 자리매김했다.

고려는 당시 원과 왕래가 잦았다. 하지만 원나라를 왕래한 어느 누구도 문익점처럼 목화씨를 가져와 백성에게 따뜻한 면옷을 입힐 생각을 하지 못했다. 그러나 문익점은 귀국하면서 목숨을 잃을지도 모르는 상황에서 추위에 떠는 백성을 떠올리며 목화씨를 몰래 들여왔다. 문익점은 이에 그치지 않고 어렵게 재배에 성공한 목화씨를 마을 사람들에게 골고루 나눠주는 수고도 했다. 씨를 빼는 씨아와 실을 만드는 물레도 만들어 사람들에게 보급했다. 돈을 받고 팔았어도 되었지만 그렇게 하지 않았다. 이 모두 나라와 백성을 사랑하는 애국애족 정신에서 나온 것이어서 본받을 점이라 생각한다.

어린이들의 영원한 스승 방정환
♣ 59쪽

1. 배경지식을 바탕으로 추론하는 능력을 기른다.
☞ 예시 답안

앞으로 나라를 짊어질 사람은 어린이들이고, 그들을 잘 교육해야 실력을 갖춘 어른으로 자랄 수 있기 때문에 등.

2. 배경지식을 바탕으로 추론한다.
☞ 예시 답안

사정이 어려워 대부분의 글을 자신이 썼기 때문이다/한 사람이 거의 대부분의 동화를 썼다는 것을 알리고 싶지 않았다 등.

3. 정보를 압축하는 능력과 추론하는 능력이 필요하다.
☞ 예시 답안

뜻을 정하면 끝까지 밀어붙이는 성격이고, 어린이들의 안목을 넓혀주려는 마음을 읽을 수 있다.

4. 배경지식을 바탕으로 뜻을 추론하는 능력과 독해력 등이 요구된다.

☞예시 답안

호랑이 굴에 가야 호랑이를 잡을 수 있다.

♣60쪽

5. 창의성 가운데 유창성과 구체성을 기른다.

☞예시 답안
- 책을 가까이 합시다.
- 몸과 마음이 건강한 생활을 합시다.
- 희망을 위해 내일을 위해 노력합시다.

6. 통합적 사고력과 논리력이 필요하다.

☞예시 답안

방정환 선생님은 어린이들의 마음에 용기와 희망을 심어주기 위해 우리나라 최초의 어린이 잡지 '어린이'를 창간하는 등 아동 문학 발전을 위해 큰 힘을 쏟은 분입니다. 어린이에 대한 남다른 관심과 애정으로 색동회도 만들어 어린이 운동을 주도했습니다. '어린이'라는 말은 처음 쓰신 분도 방정환 선생님입니다.

하지만 안타깝게도 그분을 기념하는 기념관이 없습니다. 방정환 선생님을 기릴 수 있는 기념관을 세우자고 제안합니다.

기념관을 세우면 흩어져 있는 자료를 한곳에 보관할 수 있어 방정환 선생님이 어린이들을 위해 어떤 노력을 했는지 알 수 있습니다.

기념관 안에서 할 수 있는 다양한 체험과 행사를 곁들인다면 더욱 풍성한 기념관 나들이를 할 수 있을 것입니다.

진정 어린이를 사랑하는 마음으로 평생을 보낸 방정환 선생님의 뜻을 오래 간직하고 되새길 수 있는 자리가 빨리 마련되어야 합니다.

백성을 위해 헌신한 청백리 황희 정승

♣65쪽

1. 속담을 통해 배경지식을 확장하고 추론하는 능력을 기른다.

☞예시 답안

황희 정승의 아내와 딸들이 치마가 없어 치마 하나를 번갈아 입었다는 데서 나온 말로, 황희 정승의 청렴결백을 알 수 있다.

2. 배경지식을 통해 유창성을 기르는 문제다.

☞예시 답안
- 유성룡-조선 시대 임진왜란 때 왜군이 쳐들어올 것을 미리 짐작하고 대비할 것을 주장했다.
- 맹사성-고려 말부터 조선 초까지 재상을 지내며 조선 전기의 문화를 꽃피게 하는데 크게 기여했다.

기의 문화를 꽃피게 하는 데 크게 기여했다.

☞예시 답안

생명을 소중히 여긴다/총명하고 지혜롭다 등.

♣66쪽

4. 독해력을 바탕으로 정보를 압축하는 훈련이다.

☞예시 답안

큰 흉년이 들어 굶주림에 허덕이던 백성의 사정을 어버이처럼 헤아리고 따뜻하게 보살피니 백성의 생활이 안정되고 평화가 깃들었다.

5. 독해를 바탕으로 추론하는 능력이 요구된다.

☞예시 답안

새 나라인 조선에서 바른 정치를 펼 것이다. 고려에 대한 충절도 중요하지만 갓 세워진 나라의 백성을 생각해야 하기 때문이다. 조선에는 당시 무신 출신이거나 처음 시작한 관리들이 많아 일을 보는데 서툴렀을 것이다. 결국 그 피해는 백성에게 돌아간다. 모시는 임금은 다르지만 같은 백성이므로 가엾은 백성을 먼저 생각해야 한다. 게다가 황희는 아직 젊다. 재능을 썩히기보다는 나라를 위해 쓰는 것이 옳다.

6. 추론하는 능력과 종합적 사고력을 키운다.

☞예시 답안

공직자는 국민 위에 서거나 권력과 명예를 탐하는 자리가 아닙니다. 그렇다고 큰돈을 벌거나 행운을 잡는 자리도 아닙니다. 공직자는 국가와 국민을 위해 봉사하는 자리임을 알아야 합니다.

따라서 공직자는 직위나 자리를 이용해 부정한 방법으로 비리를 저지르거나 부당한 이익을 얻어서는 안 됩니다. 공정하지 못한 일을 벌여 사례를 받거나 편의를 제공받아서는 더더욱 안 됩니다.

공직자가 바로 서지 못할 때 국민은 어렵게 됩니다. 그만큼 공직자의 길은 힘들지만 보람도 큽니다. 그러므로 결코 후회하지 않도록 끊임없이 주변을 깨끗이 하는 노력이 필요합니다.

신라를 개혁하기 위해 애쓴 문장가 최치원

♣71쪽

1. 독해를 바탕으로 정보를 압축하는 능력이 필요하다.

☞ 예시 답안

골품제 사회인 신라에서는 신분이 낮아 출세할 수 없었기 때문에 자신의 뛰어난 능력을 펼치기 위해 유학을 떠났다.

2. 정보를 분석하는 능력과 구술하는 능력을 기른다.
☞ 예시 답안

최치원은 말을 익히기 전에 글부터 깨우쳤을 만큼 글재주도 타고 났다. 그는 열 살이 되기 전에 신라 안의 책을 모두 읽어 가르칠 스승이 없었을 정도로 재능이 뛰어났다. 그런 최치원이 남이 백을 하는 동안 천의 노력을 했다고 하니 1000년이 지난 지금까지도 문장가로 기억되는 일은 당연해 보인다.

나는 글재주를 타고난 것도 아니고 백 번의 노력을 한 적도 없다. 게다가 책 읽기보다는 게임을 더 좋아한다. 최치원은 공부의 가장 큰 적을 게으름이라고 했는데, 나는 어떻게 하면 공부를 안 할지 고민한다. 최치원을 보니 공부는 역시 스스로 하는 마음가짐이 중요하다는 사실을 깨달았다.

3. 창의성 가운데 문제 발견 능력과 판단 능력을 요구한다.
☞ 예시 답안

나라면 최치원처럼 유학을 떠났을 것이다. 아무리 재능과 학업이 뛰어나도 그 능력을 펼칠 기회조차 없다면 나와 나라를 위해서도 좋은 일이 아니다. 당나라에 유학을 가 과거에 합격한 뒤 그 나라에서 익힌 선진 문물과 제도, 지식과 경험을 고국에 돌아와 쓰면 고국인 신라의 발전에도 크게 기여할 수 있을 것이다.

♣ 72쪽

4. 창의성 가운데 독창성과 유창성을 키운다.
☞ 예시 답안

신분보다는 학문을 바탕으로 인재를 등용해야 한다/관리는 자신의 명예나 이익을 버리고 백성을 위해 봉사해야 한다/이상적인 사회를 만들려면 백성을 교육시켜야 한다/왕은 인재를 가릴 수 있는 능력을 가져야 한다 등.

5. 문제 발견 능력과 융통성을 기르는 문제다.
☞ 예시 답안

진성여왕이 최치원의 제안을 받아들인 만큼 나는 왕을 도와 내 능력과 경험을 최대한 발휘해 어지러운 나라에 힘이 될 것이다. 그러기 위해 고생하며 당나라 유학길을 떠나지 않았는가. 중앙 귀족들이 거세게 반발해도 그들을 끝까지 설득할 것이다.

6. 학습된 정보를 바탕으로 한 판단 능력과 논리력이 요구된다.
☞ 예시 답안

조기 유학이 줄고는 있지만 아직도 많은 학생이 조기 유학을 떠나고 있다. 지난 5월 한국교육개발원이 발표한 '1995~2008 조기 유학생 수 변동' 자료에 따르면 2005년부터 2008년까지 연간 2만 명 이상이 조기 유학을 하고 있다.

하지만 조기 유학은 여러 가지 부작용이 뒤따른다. 어린 시절부터 가족과 떨어지면 정서상 문제가 생길 수 있다. 어릴 적에 가정을 떠나 혼자 낯선 외국에서 공부하는 것은 매우 어렵고 불안정한 일이다. 또 초등학교 시절에 배워야 하는 교과 내용을 배우지 못한다.

어린 시절 폭넓은 경험과 지식을 쌓아야 하는데 유학 기간 동안 영어 공부에 너무 많은 시간을 쓰다 보면 폭넓은 독서를 통한 지식 쌓기는 뒤처질 수밖에 없을 것이다. 영어 못지 않게 한국어를 잘하는 일도 중요하다. 조기 유학을 하면 수준 높은 한국어를 배울 기회를 얻지 못한다.

'철의 나라' 금관가야를 세운 김수로왕
♣ 77쪽

1. 배경지식을 묻는 문제다.
☞ 예시 답안

고구려를 세운 주몽 : 주몽의 어머니 유화가 방 안에서 이상한 햇빛을 받은 후 닷 되 정도 크기의 알을 낳았다. 그 알을 깨고 나온 것이 주몽이었다.

2. 독해력과 문제 분석 능력이 필요하다.
☞ 예시 답안

낙동강 하류에 위치해 배가 드나들기 좋은 조건이어서 해상 무역이 발달했다. 또 일찍부터 철기 문화가 발달해 중국과 일본 등에 수출해 성장할 수 있었다.

3. 독해를 바탕으로 유추하는 문제다.
☞ 예시 답안

오리가 하늘과 사람을 연결하는 전령으로 믿었다/낙동강을 많이 찾는 철새를 보고 장식품을 만든 것이다 등.

♣ 78쪽

4. 학습된 정보를 바탕으로 추론하는 능력과 구체성을 기른다.
☞ 예시 답안

인도에서 배를 타고 캄보디아를 지나 태국을 거쳐 말레이시아에서 잠깐 정박해 음식물 등 필요한 것들을 보충한 후 중국 해안을 따라 우리나라 낙동강 하류의 김해에 있는 금관가야에 왔을 것이다.

5. 문제 발견 능력과 추론하는 능력을 기르는 문제다.
☞ 예시 답안

 죽은 뒤에도 삶이 계속된다고 믿어 살았을 때 부리던 사람까지 같이 묻었다/죽은 사람이 내세에 가서도 큰 불편 없이 잘살 수 있도록 하기 위해서였다 등.

6. 논리력과 종합적 사고력이 요구된다.
☞ 예시 답안

 가야는 우수한 철기 문화를 바탕으로 막강한 국력을 자랑하며 삼국과 더불어 600년 가까이 독자적인 문화를 누렸던 해상 무역 국가였다.

 하지만 지금은 이름만 존재할 뿐 유물이나 역사적 자료를 찾아보기 어렵다. 삼국의 그늘에 가려진 가야의 역사를 되살려 우리나라의 고대사를 바로 세워야 한다.

 가야의 역사를 되살리려면 우선 그동안 발굴된 유적과 유물을 역사 기록과 관련짓는 일이 필요하다. 가야의 역사 기록은 아주 부족한데다 잘못 알려진 경우도 있다고 한다. 가야의 무역 활동이 활발했음을 생각하면 그 대상국이었던 중국이나 일본에서 함께 기록을 찾을 필요도 있다.

 가야를 소재로 한 드라마를 만들고, 가야 유적을 활용한 역사 문화 관광 상품을 개발해 가야에 대한 관심을 높이도록 하는 일도 중요하다. 무엇보다 가야 문화나 유적 내용을 교과서에 보충하면 어렸을 적부터 학생들에게 가야에 대한 인식을 확실하게 심어줄 수 있다.